国网冀北电力有限公司「十三五」

职工技术创新优秀成果集

国网冀北电力有限公司工会●组编

中国电力出版社
CHINA ELECTRIC POWER PRESS

内 容 提 要

　　"十三五"期间，国网冀北电力有限公司深入贯彻国家创新驱动发展战略，全面落实国家电网有限公司深入推进职工创新工作部署，组织编写《国网冀北电力有限公司"十三五"职工技术创新优秀成果集》，集中展现广大职工在技术创新领域取得的丰硕成果和骄人成绩。本书共收录了 96 项优秀职工技术创新成果，具有很强的创新性和操作性，在破解实际生产工作难题、提升工作质量和效率方面发挥着重要作用。

图书在版编目（CIP）数据

国网冀北电力有限公司"十三五"职工技术创新优秀成果集 / 国网冀北电力有限公司工会组编 . —北京：中国电力出版社，2021.11

ISBN 978-7-5198-5958-9

Ⅰ . ①国… 　Ⅱ . ①国… 　Ⅲ . ①电力工业－工业企业管理－技术创新－成果－汇编－河北 　Ⅳ . ① F426.61

中国版本图书馆 CIP 数据核字（2021）第 179141 号

出版发行：中国电力出版社
地　　　址：北京市东城区北京站西街 19 号（邮政编码 100005）
网　　　址：http://www.cepp.sgcc.com.cn
责任编辑：陈　硕　（010-63412532）
责任校对：黄　蓓　马　宁
装帧设计：赵姗姗
责任印制：吴　迪

印　　　刷：三河市万龙印装有限公司
版　　　次：2021 年 11 月第一版
印　　　次：2021 年 11 月北京第一次印刷
开　　　本：787 毫米 ×1092 毫米　16 开本
印　　　张：19.75
字　　　数：387 千字
定　　　价：115.00 元

序言
Preface

      创新是推动国家和民族高质量发展的动力源，是满足人民日益增长的美好生活需要的根本保障。习近平总书记指出，抓创新就是抓发展，谋创新就是谋未来。国网冀北电力有限公司（简称国网冀北公司）始终高度重视创新工作，积极推进创新强企战略，尊重职工首创精神，坚持以一线职工为主体，以劳模（职工）创新工作室为依托，深入开展职工技术创新工作。通过不断丰富创新活动载体和内涵，引导广大职工主动践行创新精神、劳动精神和工匠精神，充分激发自身创新潜能和创造活力，立足本职岗位，用小发明、小革新、小创造来解决生产经营过程中遇到的实际问题，以技术进步保障了生产安全，提高了工作效率，降低了经营成本，在提升职工综合素质，激活企业自主创新活力，促进国网冀北公司和电网科学发展等方面发挥了重要的促进作用。

      本书共计收录了96项职工技术创新优秀成果，是"十三五"期间公司职工技术创新领域的硕果展示，内容丰富，形式多样，充分展示了职工群众的聪明才智，有效彰显出精益求精、追求极致的冀北电力职工精神。

      "问渠哪得清如许，为有源头活水来。"让我们继续当好职工技术创新的引导者、推动者和传播者，着力培育职工欢迎、

序言
Preface

企业认同的职工技术创新工作品牌，深化群众性技术创新活动，进一步激发广大职工学习新知识、掌握新技能、创造新技术的积极性，努力为他们施展才华创造更多的机会，搭建更高更大的舞台，着力培养一支知识型、技能型、创新型工匠人才队伍，以创新意识激发企业发展活力，以创新成果增进公司发展潜能，为加快建设具有中国特色国际领先的能源互联网企业凝聚智慧、贡献力量！

二〇二一年十一月

目录
Contents

序言

第四部分　营销专业 …………………………………………… 185

第五部分　信通专业 …………………………………………… 213

第六部分　发电专业 ……………………………………… 269

第七部分　综合 ……………………………………………… 277

第一部分

输电专业

Part 1

一种可识别度和耐久性高的输电线路相序牌

国网张家口供电公司　阮利生　葛　伟　张　涛

一、研制背景

输电线路从变电站架构引出后，相位顺序应与架构相同，且分为 A、B、C 三相。为减轻因三相导线对地容抗的差异对电压产生的影响，线路较长时经常采用换位的方式，因此，相位并不能完全与线路排列方式相对应，这就需要安装大量相序牌对三相导线进行标记。传统相序牌都是通过红、绿、黄三色外加 A、B、C 三个白色字母标识进行区分。

目前传统相序牌使用的染印技术主要有以下两种：UV 喷绘膜和热转印。UV 喷绘膜的原理是在胶带上喷墨，与普通打印机复印件原理一样。UV 喷绘膜的特点是价格便宜，但室外寿命短，褪色比较快，即使表面覆膜也不防水和紫外线，红色字体（包括暗红）可保持 6 个月 ~ 1 年，黑色字体可保持 2 年左右。热转印的原理是通过高温将特殊工艺色带的碳粉转印到聚苯乙烯胶带上，户外防水，防高温，抗紫外线，室外一般可保持 4~5 年不褪色，浅色 2~3 年，但是成本稍高。相比于 UV 喷绘膜，热转印技术更加先进，其制品也更加耐用，但一方面其耐久性仍有较大局限，另一方面成本稍高。

质量最好的相序牌一般 4~5 年也就褪色了，一旦褪色将难以识别相序，这就需要重新核相，更换相序牌，增加了不必要的工作量，且在更换时极易产生差错。除此以外，现有相序牌背光可见度差，不易识别。因此，有必要研究如何提高相序牌可识别度和耐久性。

二、创新点

该新型相序牌主要有 3 个创新点：相序牌形状类字母化设计、相序牌字母标识镂空化设计、相序牌圆角化处理。

（1）相序牌形状类字母化设计。根据 A、B、C 三个字母的形状特点，对相序牌形状进行演变，字母 A 形状接近三角形，字母 B 形状接近矩形，字母 C 形状接近圆形，因此将 A、B、C 三相相序牌的形状分别设计为三角形、正方形、圆形，如图 1 所示。这样利用形状比拟的方法将单一的文字辨别变得更加简便直观，便于识别，容易记忆，不易混淆。新型相序牌新增了形状识别，并保留原有的颜色色标和字母标识，大大提高了相序牌的耐久性和相序识别度，解决了目前相序牌因年久失修造成的颜料喷漆氧化褪色，导致无法辨别线路相序的问题。

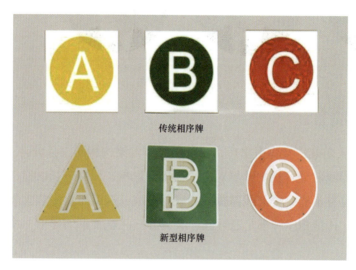

图 1　传统相序牌和新型相序牌

（2）相序牌字母标识镂空化设计。引入字母镂空设计，不但解决了相序牌背光可见度差的问题，还能防止字母标识褪色后无法辨认的情况。背光时，因为字母透光，反而更容易识别。除此以外，新型相序牌节省了材料，节约了成本，减轻了质量，更加容易携带和安装。张家口地区风灾严重，该设计一定程度上减少了相序牌风阻力，因此不易受大风破坏，不易脱落。

（3）相序牌圆角化处理。传统相序牌形状方正，棱角尖锐，经常伤及安装和检修人员，新型相序牌对尖刺的部位做了圆角处理，有效提高了安全性，并且更加美观。

三、应用效果

2017 年 3 月，新型相序牌和传统相序牌同时在 110kV 尚检线 192 号杆塔横担头进行了现场安装试验，并做了加快褪色和做旧处理，模仿年久失修造成的损伤。新型相序牌的安装过程简单快速，受损褪色后依然可以轻易分辨相序，试验结果表明，经改进后的相序牌在相序识别度、耐久性、便携度以及易用性上均优于传统相序牌。根据安装人员反映，在安装过程中，圆角化处理后的相序牌大大降低了安装人员的作业风险，给安装工作带来诸多方便。截至 2019 年 6 月，国网张家口供电公司输电运检室已将新型相序牌应用于 220kV 万张一线、220kV 万张二线、110kV 张云一线、110kV 张云二线、110kV 察庙一线、110kV 察庙二线等多条重要输电线路，实用效果得到各线路维护班组的一致认可。新型相序牌在输电线路上的应用如图 2 所示。

图 2　新型相序牌在输电线路上的应用

新型相序牌引入了借助形状对线路相位进行辨识的理念，解决了因为相序牌褪色而无法辨识相位的难题；引入了字母镂空设计理念，增强了背光时线路相位的识别度，减轻了风对相序牌造成的压力；引入了相序牌外边缘圆角化处理的理念，提高了相序牌的美观度，极大降低了安装和检修人员被划伤的概率。新型相序牌识别度和耐久性得到了极大的提高。

四、推广前景

新型相序牌新增了形状特征，即使氧化褪色失去颜色特征也能根据形状顺利识别相序，只要铁牌完好就不会失去指示作用，完全脱离了染料技术和涂印工艺的束缚，耐久性和可识别度得到了极大提升。

新型相序牌符合电网设备实际运行维护标准和要求，不仅适用于高压输电线路，还可用于配电线路、变电站等多个专业。它制作工艺简单，加工成本低廉，安装方便，使用周期长，节省了后期更换、维护的成本，同时也为现场维护、检修人员提供了便利。

综上所述，该新型相序牌在经济性和实用性十分优异，应用前景广泛，适合大范围推广。

电力智能孔洞安全检修装置

国网秦皇岛供电公司　　　王力军　张庚喜　高会民

一、研制背景

根据国家安全施工规程规定，检修时孔洞周围必须设置安全围栏、警示围挡、警示围绳、警示灯等。这些安全装置存在以下缺点：

（1）这些围栏、围挡大多数质量较重，体积较大，不便于携带和安装，占地面积大。

（2）有些较轻的围栏、围挡，体积小、质量轻，便于安装，但是因不可抗外力、微风或人员、动物不小心碰到就会漂移或倾倒，不能起到安全围挡的作用。

（3）现有围栏、围挡只在地面遮挡，孔洞内安全没有防护。

（4）连续作业或间断作业，不撤离围栏、围挡时，施工面积大，需要专人维护管理。

（5）施工过程中，必须留有专人现场 24 小时监护，以免设施遭破坏或在恶劣天气下损毁而起不到安全作用。

（6）没有二次防护，一旦冲破围栏、围挡直接进入电力孔洞，则对施工人员、设备构成安全隐患。

（7）施工地点面积大、死角多，因此每个施工地点都要留有巡视人员。

（8）检修人员孔洞内作业时需要携带气体检测仪，虽然能够检测到有毒气体，但人员有中毒的危险。

（9）工作人员需要自带照明器具，照明面积小且携带不方便。

（10）工作人员进入孔洞工作时无法知道孔洞内的水深浅程度，容易造成危险。

因此，有必要研制电力智能孔洞安全检修装置，以克服上述缺点。

二、创新点

电力智能孔洞安全检修装置包括机械部分、电子部分。

（1）机械部分。由主支撑立柱、辅助支撑柱、安全网、伸缩梯等组成。井口卡子负责卡在竖井内壁，防止整体设备偏移竖井，安全围栏安装套筒负责安装安全围栏。

（2）电子部分。

1）地上部分。太阳能电源、安全警示灯、手机监控、超声波发生器靠近报警等装置，水深探测仪、气体检测仪、智能网关终端连接手机 App。

2）地下部分。梯子安装有气体检测仪、照明设备、水位深度报警器智能网关终端，可连接手机终端 App，实现地下与地面互动，实现地下与地下互动。

作业时间提示：对工作人员深入孔洞的作业时间进行语音提示（根据需要调整语音提示次数）。

深入孔洞距离提示：对工作人员深入孔洞的运动距离进行语音提示（根据需要调整语音提示次数）。

作业人员采用智能安全帽（安全帽具有照明、摄像头、耳麦、气体检测仪终端设备），可与作业人员手机 App 相配合，随时将地下工作人员的信息传递到地面负责人。

电力智能孔洞安全检修装置在现场的安装情况如图 1 所示。

图 1 电力智能孔洞安全检修装置在现场安装情况

三、应用效果

（1）原有围栏只作为一次阻挡，采用本项目研制的电力智能孔洞检修装置，一次阻挡增加了二次围网，对施工孔洞全面覆盖，为下孔洞工作人员提供了更大的空间。照明、气体检测、水深提示同时完成，避免了人员下井检测的危险。卡扣式结构更加牢固地与井口结合，避免了强风暴雨对围栏的破坏；安全警示灯和红外线探测装置对进入施工范围内的移动人物进行提醒，减少了安全隐患；手机监视系统可 24 小时远程监控施工现场的人员和设备运行情况，以防止人员伤亡，保证人身安全。

（2）本成果除了应用于电力孔洞检修外，还可以应用在国防通信地下竖井施工防护、移动通信竖井施工防护、石油管道竖井施工防护、自来水井施工防护、城市污水井施工防护、雨水井及各类深井施工的防护。

（3）在秦皇岛铁庄变电站至红卫里开闭所的4个不同电缆孔洞应用本成果进行检修。施工人员下孔洞前用气体检测仪对孔洞内进行气体检测，避免了人员随同气体检测仪同时下孔洞带来的危险。对孔洞内提前照明，工作人员能提前了解孔洞内的地形，进行水位检测，预知孔洞水情，且具有安全报警、远程监控功能，保证了安全施工。

电力智能孔洞安全检修装置的现场使用情况如图2所示。

图2　电力智能孔洞安全检修装置的现场使用情况

四、推广前景

本项目研制的电力智能孔洞安全检修装置是将视频监测、语音提示、移动语音视频对话、气体检测报警、水位检测报警、事前照明探视为一体的地上、地下人工智能一体化语音、视频、监测、报警设备，广泛应用于电力基坑施工，电力电缆、通信光缆电缆井沟内施工，公路、铁路、国防隧道施工，石油管道内施工，联通、移动等密封孔洞内施工等领域，对密封孔洞内、外施工现场提供实时现场视频并能语音通话，对有毒有害气体实时检测报警，提供事故现场的第一手现场视频语音资料，能提供事故发生前后的现场实时视频语音监控资料。

本成果是国内首创，生产成本低，制作简单，质量轻，使用方便，应用领域广泛。随着智能电网、电站、通信等的快速发展，电缆电气设备入地下是智能电网的设计要求，所以该装置在地面以下施工中的使用量每年增加20%以上。根据局部市场调查，一个施工单位需求 2~5 台，按照每年全国需求量约 2000 台，该装置如果占有份额在 1/5，可销售 400 台，可产生利润 1200 万元左右，可解决就业 5 人，实现更多的社会效益。

目前物联网发展成熟，电力物联网更是走在了全国的前沿，本成果可根据电网发展，首先在电网内部推广使用宣传，逐渐体现本产品价值，最后获得社会认可，实现产品全面推广。

架空输电线路弧垂观测装置

国网承德供电公司　　王树军　刘　健　徐　硕

一、研制背景

两相邻杆塔导地线在杆塔上悬挂点的连线与导地线最低点之间的垂直距离称为弧垂（F）。在输电线路架设、检修、运行、维护过程中，需保证架空输电线路弧垂满足一定的要求，特别是导地线弧垂对下方的交叉跨越物需满足一定的安全距离。运行人员需要对线路导地线的弧垂进行观测，以确定是否满足要求。目前观测导地线弧垂所用的方法分为两种：仪器法和杆塔上绑扎弧垂板观测法（传统方法）。

（1）仪器法。仪器（全站仪、经纬仪等）观测弧垂示意图如图1所示。仪器法的优点是观测精确度高，缺点是要求观测人员需全面熟练掌握仪器使用及计算方法。

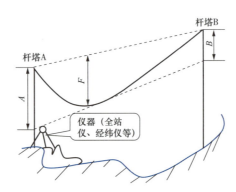

图1　仪器（全站仪、经纬仪等）观测弧垂示意图

F—弧垂；A—杆塔 A 导线悬挂点与观测点之间的距离；
B—杆塔 B 导线悬挂点和杆塔 A 位置观测人员沿着弧垂切线至杆塔 B 交点之间的距离

（2）杆塔上绑扎弧垂板观测法示意图如图2所示。该方法的优点是观测精确度较高，特别适用小档距，高差较小档距，方法简单，普通工人即可操作；缺点是观测精确度和视线受天气影响较大，杆塔上绑扎弧垂板及调节弧垂板高度时操作不方便，绑扎及操作繁琐，观测位置受限，观测精确度较低。

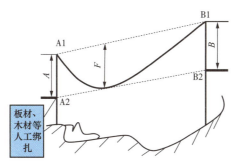

图2　杆塔上绑扎弧垂板观测法示意图

F—弧垂；A1—杆塔 A 导线悬挂点；A2—杆塔 A 工作人员观测点；
A—杆塔 A 导线悬挂点和观测点之间的距离；B1—杆塔 B 导线悬挂点；
B2—杆塔 B 工作人员观测点；B—杆塔 B 导线悬挂点和观测点的距离

　　传统绑扎弧垂板的方法广泛应用于架空输电线路架设、线路投运验收、线路检修和运行中的弧垂观测，但传统的弧垂板为宽度 10~15cm 的板子（没有现成的观测装置），中间涂装红白等相间的颜色，观测人员在观测过程中需反复绑扎弧垂板，并在一定的位置用望远镜观测，同时受天气、观测距离影响，观测效率较低。

　　因此，研发一种适合于现场一线工人、高效率、易操作的弧垂观测装置，以提升架空输电线路弧垂观测效率，提升线路施工验收和运行维护的质量，对电网的安全经济运行具有十分重要的意义。

　　（3）架空输电线路弧垂观测装置如图3所示，整个装置可以拆分成为多个小部件，便于携带，攀登杆塔后进行组装。观测部分由固定结构和望远镜组成，通过万向轴连接，可以自由调整角度，便于在杆塔上操作。中间装有激光笔，发射激光，辅助定位，也能照射在弧垂板反光贴上，便于观测。弧垂板部分由弧垂板与固定结构组成，中间也设有万向轴，便于调节，同时用伸缩杆连接万向轴与弧垂板，可以轻松调整弧垂板

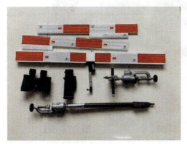

（a）装置实物（拆分）　　　　　（b）观测部分　　　　　（c）弧垂板部分

图3　弧垂观测装置实物图

高度，解决了传统方法反复绑扎的弧垂板的问题。

二、创新点

（1）本装置可代替传统绑扎弧垂的方法，克服传统弧垂板观测法的缺点，主要适用于铁塔、混凝土杆等架空线路的弧垂观测。

（2）本装置为国内电力行业首创使用的自研发设备，本成果自2017~2018年度经现场试应用并多次升级创新，如加入激光电子对正装置，较原设计更加先进；加入整平装置，使得测量更加精准。

（3）本装置可以进行拆解和组装，小巧轻便，易于携带，工作人员只需工具袋便可携带装置部件登塔，方便省力。

（4）本装置相比传统的绑扎弧垂板观测法，简化了为了调整弧垂板位置而反复绑扎弧垂板的繁琐操作，工作人员只需跳闸伸缩杆的长度就能够调整弧垂板位置，极大降低了工作难度。

（5）本装置采用了杆塔固定结构和万向轴，使装置可以在杆塔各种位置上都能够灵活使用，可以适应杆塔上的各种复杂环境。

（6）本装置便于观测和操作，相对仪器法，对工作人员技术要求低，易于推广。

三、应用效果

本成果获得两项发明专利，并于2016~2017年在现场多次应用实践，不断进行改良完善，一直应用于冀北地区供电公司架空输电线路的弧垂观测工作中。特别是在新投运线路验收中，高效完成了新投运线路的弧垂观测工作，确保线路弧垂满足投运要求。现场工作照片如图4所示。

图4　现场工作照片

四、推广前景

本成果主要应用于架空输电线路基建施工和输电线路运行维护中的弧垂观测，解决了一线工人观测弧垂繁琐、不准确、电子仪器使用不熟练的问题，实用性较强。

使用本成果可明显减轻观测弧垂的劳动强度，工具轻便易于携带，可明显提高弧垂观测精确度。特别是在线路验收中弧垂观测验收基本靠人工主观判断，误差较大，就是因为没有一个很好的、方便的观测工具。应用本成果后，弧垂观测效率将明显提高，避免了以往工作中靠经验判断造成的失误；可有效避免因弧垂过大或过小造成的跳闸事故，提高供电可靠性。

带电调整 10kV 架空线路防弧金具及防雷验电环位置系列工具

国网廊坊供电公司　　白庆永　白晶晶　杨国鹏

一、研制背景

绝缘导线的防雷设施主要有防弧金具（本成果特指非穿刺型）、防雷验电环等。防弧金具和防雷验电环均由绝缘罩、主体和引弧棒端头组成。无论国内或国外，在架空配电线路上，现在都已广泛地应用了绝缘导线。在绝缘导线应用过程中，出现了因导线自扭转引起的架空绝缘线遭受雷击故障次数增多的问题。

对防弧金具来说，自导线中心线至防弧金具的引弧棒端距离为 70mm。若采用 P-20T 型绝缘子，初始放电间隙 s_0=195mm，导线自扭转角 60°，引弧棒端头自扭转角也为 60°。由勾股定理可得此时放电间隙为 s=207mm。

对 FDL-50/240B 型防雷验电环来说，若初始放电间隙 s_0=150mm，自导线中心线至防雷验电环的引弧棒端距离为 130mm。如导线自扭转角 60°，防雷验电环自扭转角也成 60°，由勾股定理可得此时放电间隙为 s=198.5mm。

综上所述，导线发生自扭转且难以复原时，易导致防弧金具、防雷验电环失去防雷效果。及时将导线上防弧金具、防雷验电环的引弧棒端头恢复至安装时的初始位置，使之垂直于地面，恢复防弧金具、防雷验电环的防雷能力，提高架空线的防雷水平，对提高城市和农村供电网的可靠性具有重要意义。防雷验电环硅胶绝缘罩安装工具如图 1 所示。

图 1　防雷验电环硅胶绝缘罩安装工具

二、创新点

（1）突破性。对操作者来说，以往扳手与被松紧螺母之间都具有可视性，使用本项目研制的万向扳手，即使操作者看不到被松紧螺母也能实施远距离操作。

（2）精准性。借助半圆仪和地心引力，本项目研制的导线上元件自扭转角测量仪能测量元件异常偏转角。

（3）兼容性。本项目研制的硅胶绝缘罩拆卸工具，适用于架空线路各种硅胶绝缘罩拆卸工作。

小组成员取得国家实用新型专利 8 项：①一种架空线防雷验电环线夹绝缘护罩拆卸装置（专利号：ZL201920380418.8）；②一种架空线路带电检修用万向扳手（专利号：ZL201820479353.8）；③一种防雷接地装置自扭转角度测量仪（专利号：ZL201820475446.3）；④一种架空线防弧金具绝缘遮蔽罩安装工具（专利号：ZL201920426613.X）；⑤一种防雷验电环绝缘护罩安装工具（专利号：ZL20192106 9695.3）；⑥一种架空线线夹绝缘护罩拆卸工具（专利号：ZL20192038 0043.5）；⑦一种防弧线夹绝缘护罩安装工具（专利号：ZL201920169690.0）；⑧一种硅橡胶绝缘罩插拔扣锁扣器（专利号：ZL201920957184.9）。

小组成员发表论文 3 篇：《架空线路带电检修用万向扳手的研制》《调整 10kV 架空线路防雷验电环自扭转角系列工具的研制》《调整 10kV 架空线路防弧金具自扭转角系列工具的研制》。

小组成员编写作业指导书 6 种，如《10kV 绝缘架空线路防雷验电环绝缘罩拆卸作业指导书》《10kV 绝缘架空线路防弧金具绝缘罩拆卸作业指导书》《10kV 绝缘架空线路特种线夹自扭转角测量仪测量作业指导书》等。

三、应用效果

（1）经济效益。截至 2020 年 12 月底，处理防雷验电环自扭转缺陷 30 个，处理防弧金具自扭转缺陷 150 个。

1）节省了车辆租赁费用。在使用本项目研制的工具前，查勘人员需使用车辆去现场工作，一年有 90 处需要查勘。使用新工具后，每年减少车辆租赁费用为 72000 元。

2）节省了现场查勘人员费用支出。按每组 4 人每人每天的工资 200 元计，减少雇佣人员工资支出的费用为 144000 元。

3）缩短了查找故障时间费用节支。广阳供电中心现有 10kV 线路 176 条，一年内估计可少损售电量为

$$350kW/（条·台）× 55 台 × 2h × 90 条 ÷ 10000 = 346.5 万 kWh$$

以 0.70 元 /kWh，每年可实现创收 0.70 元 /kWh × 346.5 万 kWh = 242.55 万元，累计

每年创收 7.2 万元 +14.4 万元 +242.55 万元 =264.15 万元。

（2）社会效益。新工具的研制与应用，提高了电网科学管理水平，减少了停电引起的经济损失，降低了线路维护费用；为完成年度降低百万客户投诉指标和电网迎峰度夏提供了强有力的支撑，提高了用户满意度，为促进地方经济做出了贡献，为国家电网公司赢得了良好社会声誉。

新工具现场应用照片如图 2 所示。

图 2　新工具现场应用照片

四、推广前景

解决 10kV 电网雷害问题的关键，不仅是如何在设计源头阶段提出防范对策，还要在使用阶段提出技术对策，以确保运行的配网工程坚固耐用，进而从根本上提升配电网的抗雷灾能力。

本项目通过研制防雷装置自扭转角度测量仪、防雷装置绝缘罩拆装工具、两种带电检修用万向绝缘扳手、接地电极绝缘遮蔽罩、支柱（针式）绝缘子钢脚及横担绝缘遮蔽板，以及防弧金具、防雷验电环自扭转引起的位移调整作业法，成功解决了导线上防弧金具、防雷验电环异常扭转后降低防雷效果必须复位处理的难题，不仅减少了雷害引起的断线和绝缘子损坏，提高了线路健康水平，也解决了架空线上螺栓（钉）带电松紧的难题。新工具只需一人地面监护、另一人地面配合，特别适合于供电所、运行维护班组使用。本项目研制的工具也可推广到更高电压等级的输配电线路及输配电设备使用。

安装横担的辅助支撑装置

国网张家口供电公司　　杜　刚　侯建辉　侯俊毅

一、研制背景

在输电线路工程中，横担的安装是不可或缺的部分，其主要作用是安装绝缘子及金具，以支撑导线、避雷装置，并使之保持规定的安全距离。横担在电力线路，尤其在 0.4、10、35kV 电力线路中不可或缺。

传统的安装横担方法，需两名工作人员使用脚扣登杆作业，工作人员通过传物绳将横担拉至杆上，调整站立位置配合安全带将横担托举至指定位置，安装穿钉并拧紧螺母。这种安装方法工作人员一般借助自己的胳膊、肩膀、大腿、膝部或腰绳等支撑横担，对体力是一个很大的考验，同时由于体力的消耗，工作效率低下，存在一定的安全隐患。熟练工作人员作业时间长达 15min 左右，如果一次未能安装到位，调整时间将会更长。

针对这些现状，本项目研制了一种安装横担的辅助支撑装置。

二、创新点

横担的安装位置高、安全器材过重，不易托举。支撑方面，本项目小组成员从托箍与角钢支撑变压器的思路得到启发，预先安装一个类似托箍与角钢配合的装置，支撑横担，这样就可以有效避免作业人员长时间托举横担。防转方面，借鉴内六角套头防止穿钉随转的思路，在横担一侧加装内六角，使得紧固穿钉时只需在一侧紧固。从降低角钢质量、大小及内六角套头的加装为出发点，本项目研制出一种简易、便携的安装横担的辅助支撑装置，来减轻工作强度，提高工作效率。安装横担的辅助支撑装置实物图如图 1 所示。

图 1　安装横担的辅助支撑装置实物

三、应用效果

作业人员登杆，将辅助支撑装置安装到横担要安装的预定位置，安装过程一人登杆即可。安装第一条横担，只需将横担放置在支撑装置上即可，无需长时间手动托举。紧固穿钉，因为内六角套头的使用，仍然只需一人在一侧即可完成。

通过模拟实验统计了在 10m 绝缘电杆上借助辅助支撑装置安装 63mm×63mm×1500mm 横担的时间，见表 1。

表 1　横担安装模拟实验数据

实验序号	班前会（min）	材料准备时间（min）	安装横担时间（min）	班后会（min）	总时间（min）	安装横担所需人数
1	4.2	2.5	12.3	3.4	22.4	1 人
2	4.4	2	12.1	3.2	21.5	1 人
3	4.5	2.4	11.9	3.4	22.2	1 人
4	4.1	2.2	11.4	3.2	20.9	1 人
5	4.3	2.5	11.6	3.5	21.9	1 人
6	4.3	2.6	12.8	3	22.7	1 人
7	4	2.1	11.9	3.5	21.5	1 人
平均值	4.31	2.27	12	3.28	21.87	1 人

下面进行横担安装时间对比。根据 2019 年国网怀来县供电公司工作计划，共需新建、改造线路 47.6km，需安装横担 897 套。

横担安装总时间：24.84min/ 套 ×897 套 =22281.48min=371.36h。

通过计算分析，仅安装横担工作一项，耗费 47.56 天。2019 年全年 365 天，除去法定休息日 115 天，工作日为 250 天。而安装横担工作大概占到总施工工作量的 1/6。

横担安装工期目标：250 天 ×1/6=41.6 天。

现横担安装时间：21.87min×897=19617min=327h=40.1 天。

工期时间对比：40.1 天 < 41.6 天。

对传统安装横担时间进行取值，得到传统安装横担时间平均为 14.98min。

节约时间：14.98min–12min=2.98min。

可得出结果：

（1）横担安装作业实际平均时间缩短 2.98min。

（2）作业人员由 2 人降至 1 人。

四、推广前景

（1）经济效益。改进前，每组施工需要 2 人，目前每人人工费为 230 元 / 天，所以每组施工共需费用 460 元。

改进后，每组施工需要 1 人，人工费用为 230 元 / 天。需要购置 2 个两个内六角套头，约 10 元 / 个；购置棘轮紧线器，约 15 元；焊接费用和使用废旧安全带的费用，约为 15 元。改进后的总费用为 230+20+15+15=280 元。

可见，改进后的安装工序可节省费用 460–280=180 元。若大量推广开来，可以节省大量费用。

（2）社会效益。横担平衡支架的应用使得作业时间大幅缩短，提高了工作效率，明显缩短了停电时间，充分体现了"你用电，我用心"的服务理念。

一种可带电安装的开口销子及操作装置

国网承德供电公司　　赵国良　王树军　季　宁

一、研制背景

在架空输电线路中，开口销子被广泛应用于各种使用螺栓的金具之中，用以防止螺栓脱落，预防事故发生。在实际运行中，开口销子难免会遇到脱落的情况，导致螺栓有脱落隐患，影响线路安全。如果是位于横担端的开口销子脱落，可以随时进行补装，但如果是导线端的开口销子脱落，则必须进行停电作业或等电位带电作业进行，若不能及时进行补装，存在导线脱线的安全隐患。

传统销子存在两大缺点：

（1）开口要由人工掰开，有些情况下不易操作；

（2）导线端无法进行带电作业，必须停电处理。

国网承德供电公司输电运检室在多年的运维检修经验中发现，补装开口销子在消缺作业中占有很大比重，针对这一现状，我们设想研制一种可以带电安装的开口销子，以解决导线端开口销子不能带电安装的问题。

二、创新点

可带电安装的开口销子及操作装置由新型销子、弹簧卡子和绝缘操作杆三部分组成，实物如图1所示。

新型销子：代替普通开口销子，挂环穿过插销处为斜向穿插，给予弹力让销子闭合。

弹簧卡子：用于连接绝缘操作杆和销子、安装销子。

绝缘操作杆：作业人员使用进行带电作业。

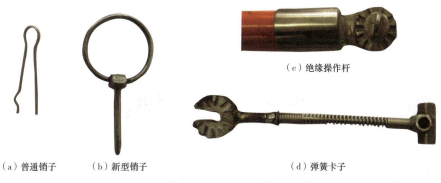

（a）普通销子　　（b）新型销子　　　　　　　　　（c）绝缘操作杆　　　　　（d）弹簧卡子

图 1　可带电安装的开口销子及操作装置实物

新型销子由挂环与穿钉斜向穿插造成的弹力令其闭合，同样可以达到防止销子和螺栓脱落的效果，满足使用需要。使用时将装置组装后由作业人员用操作杆将销子送至螺栓缺失处，顺穿钉方向用力即可完成安装，方便快捷，如图 2 所示。

图 2　可带电安装的开口销子及操作装置的使用

本成果克服了传统开口销子的弊端，即使是导线端的销子补装作业也能够进行带电作业，同时操作非常简单，省时省力。确保在发现销子缺失的情况时，可以及时进行处理，消除缺陷，保障电网的安全稳定。

三、应用效果

本成果已在输电运检室试用于多条 110kV 及以上线路的开口销子补装工作。实际使用情况良好，补装结果满足运行要求，现场实际使用结果表明：本成果满足带电作业要求的同时，操作简单快捷，销子防脱落效果良好。

四、推广前景

通过使用本成果，各种情况下的销子缺失都可以立即处理，具备很强的通用性和实用性，操作简单，不需要停电进行处理，节省了时间，提高了电网运行可靠性，有很大的推广前景。

损伤导线缠绕修补专用工具

国网廊坊供电公司　　韩金涛　石可颂　王润田

一、研制背景

　　随着社会对电量的需求不断提升，输电线路长度逐年增加，各种厂房、道路、管道施工难免靠近输电线路，吊车等大型机械的广泛使用，造成导线放电跳闸事故时常发生。此外，由异物悬挂、导线舞动等造成的导线放电跳闸事故也无法避免。导线单相对地放电或相间放电往往会对导线产生不同程度的损伤，对于损伤程度在一定范围的导线需要进行缠绕修补。

　　目前由于没有专用导线修补缠绕工具，对于损伤导线的缠绕修补完全靠人徒手完成，修补质量完全取决于作业人员的操作水平，加之高处作业受限，导线修补质量往往难以达标。需要一种新型损伤导线专用工器具，能够实现受损导线快速缠绕修补，在减少作业时间的同时，保证修补缠绕均匀、紧固，保证线路运行安全。

二、创新点

　　（1）目前市场上无类似工具，本项目研制的损伤导线缠绕修补专用工具具有首创性。

　　（2）通过阻尼片与铝线预缠绕线轴之间的摩擦力使铝线始终处于紧绷状态，保证了缠绕修补铝线的紧密性。

　　损伤导线缠绕修补专用工具实物如图 1 所示。

图 1　损伤导线缠绕修补专用工具实物

三、应用效果

本成果所解决的问题，是目前输电线路上的共性问题，是线路运行维护工作中不可避免的日常作业之一。本成果适用于 35kV 及以上架空输电线路，具有广泛应用范围。其操作简单，无需专门培训，适用于所有需要采用缠绕方法修补的受损导线，成本较低，便于推广。主要应用效果：

（1）针对受损导线的缠绕修补，目前尚无专用工具，全部采用作业人员徒手操作完成。本成果改变了此类工作无专用工具的现状。

（2）使用本成果修补过程中，铝线始终处于均匀受力状态，可保障铝线缠绕紧密，修补合格率达到 100%。

（3）使用本成果可极大提高工作效率，相比之前徒手作业节省工作时间 50% 以上。

损伤导线缠绕修补专用工具的应用如图 2 所示。

图 2　损伤导线缠绕修补专用工具的应用

四、推广前景

本成果推广应用后，作业人员缠绕受损导线的高空作业时间减少了 50% 以上，同时可使修补用铝线紧密排列、绑扎牢固，消除人工缠绕质量欠佳引起的损伤处发热等隐患，避免了受损导线损伤加重情况的发生。本成果应用后，节省了作业人员在高空的作业时间，减轻了劳动强度，降低了作业人员因体力不支导致的作业风险，具有极大实用性。

全自动钢芯铝绞线剥线器

北京送变电有限公司　　唐红忠

一、研制背景

　　经过多年施工实践，国内外相关行业累积了多种钢芯铝绞线剥线施工技术。最早是人工手工锯剥线，该方法已非常成熟，但施工效率低下，剥线质量没有保证。随着大截面导线的推广使用，在大截面导线剥线施工中手工剥刀逐渐取代了手工锯，但剥线后导线端头参差不齐，不利于穿入导线接续管和耐张管。电动剥线器也曾出现过，但由于剥线需多个施工人员之间的密切配合，且存在施工人员触电危险，因此未得到广泛推广使用。此外，手工锯剥线法、手工剥刀剥线法、电动剥线器剥线法，都存在钢芯得不到有效保护、剥线后的铝股不易收集、不够智能化、剥线效率低的问题，严重影响了导线的连接质量，钢芯上的小破口、小划痕严重影响了导线连接强度，给施工和运维带来了安全隐患。

　　因此，如何优质、高效地完成钢芯铝绞线剥线，降低人为因素对剥线质量的影响，降低钢芯损伤率，降低铝股对作业现场环境的影响，成为一项重要的课题。为此，北京送变电公司开展了"全自动钢芯铝绞线剥线仪技术与应用"的研究工作，研究成果对开展剥线施工有重大的现实意义，特别是对大截面导线剥线意义更加显著。

二、创新点

　　（1）本成果提出了固定增量进给式旋转一圈剥线方案，实现了对钢芯铝绞线进行360°全方位全自动剥线，从根本上解决了钢芯铝绞线剥线难题。

　　（2）本成果设计了机械与电子双重钢芯保护。设计专门的机械限位机构限制切割锯片的最大切割深度，设计单片机电子检测，从这两方面保护钢芯，从根本上解决了钢芯保护问题。

　　（3）本成果设计了剥线长度设定机构、抬运机构、废料收集机构等机构。通过设计不同尺寸的凸形挡板，来设定剥线长度。设计了4根可折叠的抬运杆，可实现双人灵活抬运。在仪器底部设计了斜面废料收集口，剥线后的铝股落于废料收集箱中，保护了施工现场环境。

（4）通过数字控制技术控制锁紧电机、切割电机、进给电机、旋转电机协同工作，实现了全自动快速剥线。

（5）高精度切割，剥线质量好。通过单片机控制步进电机精确进刀，实现对钢芯铝绞线最内层铝股直径 2/3 的精准切割，切割断面整齐，可快速穿入接续管。

（6）适用范围广，可兼容多种规格导线。可用于所有截面钢芯铝绞线、钢芯铝合金导线剥线。

全自动钢芯铝绞线剥线器实物如图 1 所示。

图 1　全自动钢芯铝绞线剥线器实物

三、应用效果

（1）经济效益。本成果已在扎鲁特—青州 ±800kV 特高压直流线路工程和昌吉—古泉 ±1100kV 特高压直流线路工程中应用，已累计完成 67.16km 导线截面积为 1250mm^2 的特高压线路架线施工任务，共剥线 320 余次，有效提升了剥线施工效率，降低了剥线时人为因素对钢芯的影响，提高了施工安全性。结合历史数据，按照每次缩短剥线时间 3.5min 计算，每天人工费按 2 万元计算，每天机械费用按 6 万元，每天按工作 8h 计算，每年剥线 5000 次计算，每年可节省人工费 72.9 万元，可节省机械费用 218.7 万元。

（2）社会效益。

1）本成果实现了对钢芯铝绞线全自动剥线，傻瓜式一键操作，降低了人为因素的影响，提高了剥线施工的效率和质量，从机械和电子两个方面设计钢芯保护，提高了施工安全性，降低了运行风险，在一定程度上提高了电力设施的安全性。

2）可用于所有截面钢芯铝绞线、钢芯铝合金导线剥线，可在线路施工中全面推广应用，提升施工装备水平，有利于实现全过程机械化施工。

3）为大截面电缆剥线提供了一种新的解决方案。

4）设计了废料收集装置，有利于现场安全文明施工，同时减小了对环境的破坏。

全自动钢芯铝绞线剥线器的应用如图2所示。

图2　全自动钢芯铝绞线剥线器的应用

四、推广前景

本成果是专门针对输电线路钢芯铝绞线剥线需求，特别是大截面钢芯铝绞线剥线需求，所研制的新型装备，已经过扎鲁特—青州、昌吉—古泉特高压工程、固安—霸州500kV线路工程长期使用，剥线质量及设备稳定性得到了充分的验证。数字化、程序化、模块化设计，利于大批量加工生产。本成果采用市场上尚未有该类型定型产品，本成果推广应用前景广阔，可在今后的输电线路施工中，特别是采用大截面导线的特高压工程中推广使用。

架线施工多尺寸迪尼玛绳收纳系统

北京送变电有限公司　　于卓鑫

一、研制背景

在电缆架线施工中，导线、避雷线质量重，易损坏，施工人员一般采用"以细带粗"的方式牵引导线，即先在杆塔上展放一条细口径、质量轻的一级迪尼玛绳，再将一级迪尼玛绳后连接一条更粗的二级迪尼玛绳，以此类推，直到迪尼玛绳的直径、拉断力满足要求，最后牵引防扭钢丝绳、导线、避雷线，使其架设到杆塔上。现场施工时，必将用到大量各种尺寸的迪尼玛绳，如若收纳不及时，现场绳索纵横交错，极易绊倒作业人员而出现人身伤亡事故，而且绳索随地拖拉直接导致了磨损加剧，作业人员的踩踏更加速了绳索的报废。

通常放线绳索的收纳包括人工和绕线器两种方式。人工效率低，直径大的绳索难以拖动。绕线器效率较高，市场上有两种类型：一种是定制的，只可以收纳某一种尺寸绳索；另一种是通用的，通过电动机转动，将绳索绕在接线盘上，但绕线间距无法控制，浪费了大量空间，外层绳索可能会卡入内层绳索缝隙中，容易出现散股、断股现象，造成绳索取用困难。

架线施工现场使用绳索情况如图 1 所示。

图 1　架线施工现场使用绳索情况

因此，本项目对架线施工多尺寸迪尼玛绳收纳系统开展了研究。

二、创新点

本成果设有动力驱动模块、排线装置模块，采用齿轮咬合设计，同时提供一种安全可靠的适用于不同尺寸的迪尼玛绳索。利用单片机控制与传感器和受光器相结合，可以自动收纳、测量绳索长度，检测是否存在断股断线发生，同时摄像头拍下当前绳索检测部分的照片，通过无线传输器发送给后台监视器，供工作人员观察并判断是否继续工作，从而提高现场施工效率，延长迪尼玛绳索的使用寿命。

架线施工多尺寸迪尼玛绳收纳系统整体结构如图 2 所示，单片机控制关系示意图如图 3 所示。动力箱内部结构如图 4 所示。右绕线鼓打开状态示意图如图 5 所示。

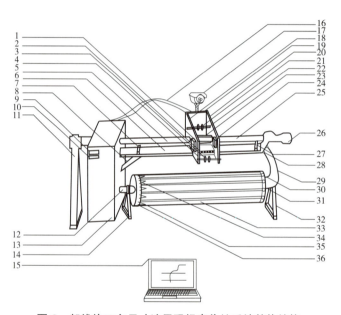

图 2　架线施工多尺寸迪尼玛绳索收纳系统整体结构

1—投光器；2—滑块；3—前线槽；4—前导向轴；5、25—丝杆；6—导轨；7—左挡块；
8—导轨支撑板；9—显示屏；10—标签机；11—主支撑架；12—绕线轴；13—动力箱；
14—固定支撑架；15—后台监视器；16—线路走廊；17—摄像头；18—悬臂端；19—后支撑板；
20—右支撑板；21—后线槽；22—后导向轴；23—螺母座（含滚珠）；24—受光器；
26—左支撑板；27—上球轴承；28—曲臂活页；29—大曲臂；30—扣板；31—右绕线鼓；
32—活动支撑架；33—活动绕线板；34—夹线钳；35—左绕线鼓；36—绕线板活页

（1）本成果对绕线机构、排线机构进行研发创新，改善传统工序的工作模式，研制高效的排线与绕线的传动机构。

（2）本成果在控制系统的硬件方面，采用高精度、高自动化程度的控制器，绕线快速，绕线装置转动灵活，可远程监控绳索状态，并进行状态信号传输，提高了绕线和排线的精度。

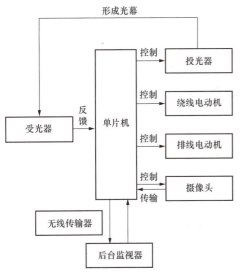

图 3 单片机控制关系示意图

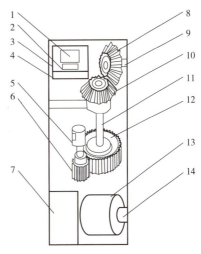

图 4 动力箱内部结构

1—显示屏；2—标签机；3—单片机；4—无线传输器；
5—排线电机；6—主动轮；7—蓄电池；8—第二伞齿
轮；9—丝杆；10—第一伞齿轮；11—连杆；12—从动
轮；13—绕线电机；14—绕线轴

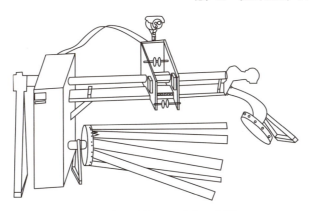

图 5 右绕线鼓打开状态示意图

（3）当绳索出现散股现象时，绳径骤然增大，受光器向单片机输出的信号也会发生变化，单片机立刻命令排线、绕线电动机停止运转，并接通摄像头拍下照片，工作人员观察并判断是否继续工作。

三、应用效果

该系统绕线速度达 70m/min 以上，远远高于人工绕线速度，避免了传统作业时人工绕线的繁琐操作，在使用过程中未发生故障，既提高了作业效率，又降低了安全风险，保证了人身安全及施工工器具安全可靠。

本成果于 2019 年 5 月 20 日申请实用新型专利，于 2020 年 2 月 21 日授权公告，实用新型专利证书如图 6 所示。

图6　一种绕线装置和迪尼玛绳绕线系统实用新型专利证书

四、推广前景

　　本成果应用于电缆架线施工技术领域，特别是设计了一种绕线装置和迪尼玛绳绕线系统，已应用于±500kV张北—北京柔性直流示范工程、张家口—解放500kV输电线路工程、解放—红旗营220kV输电线路工程三个在建项目工程。本成果具有下列优点：及时对不同尺寸的迪尼玛绳进行收纳管理，避免了人身伤亡事故的发生；可以及时检测迪尼玛绳的散股、断股现象并及时标注，减少了人员工作量和发生错误的概率；结构简单，便于运输、保管及仓储摆放；有利于施工的顺利进行，对绳索加以保护，避免了绳索的磨损，延长了绳索的使用寿命。综上所述，本成果可面向送变电施工行业，在架线施工作业时推广应用。

输电线路杆塔标识牌支架改进

国网冀北电力有限公司检修分公司　　杜　新

一、研制背景

根据国家电网公司精益化管理的要求，输电线路的杆塔上必须装设线路名称、杆号牌以及必要的安全、保护等标志识牌，以便运维人员正常开展线路巡视等工作。冀北检修公司大同运维分部所辖 24 条 500kV 输电线路共有杆塔 6424 基，5 条 35kV 输电线路共有杆塔 341 基，每基杆塔均安装塔号牌、宣传牌及警示牌各一块，三类标识牌均采用坚固耐用的金属板制作，使用支架抱箍的方式固定在杆塔上，历经风吹日晒、雨雪风霜后，部分标识牌出现了松动脱落的情况，特别是大风口微气象区段，经常发现标识牌支架抱箍损坏，个别标识牌掉落地面后丢失。经对此类缺陷统计汇总，截至 2017 年 9 月，有 36 基杆塔的塔号牌因支架抱箍损坏造成松动，有 46 基杆塔的塔号牌支架抱箍严重损坏导致塔号牌掉落地面后丢失，因支架抱箍问题造成塔号牌损毁数量占总缺陷数量的 19.5%；截至 2017 年 12 月的缺陷汇总数量中，因支架抱箍问题造成塔号牌损毁数量占总缺陷数量的 19.8%；截至 2018 年 3 月的缺陷汇总数量中，因支架抱箍问题造成塔号牌损毁数量占总缺陷数量的 20.5%。可看出此类问题呈逐年递增的趋势。塔号牌因安装位置较高容易出现损毁情况，而标识牌支架抱箍出现问题是造成此类缺陷的根本原因。因此本项目研究的课题是"输电线路标识牌支架改进"。

二、创新点

杆塔标识牌老款支架抱箍所使用的钢材较单薄，极易发生雨雪锈蚀和风口损坏。其整套固定设备由长短不一的角钢支架和内外扁铁抱箍组成，不同塔型需对应不同安装方式，对安装人员的工艺要求较高，同时支架抱箍备品备件多也存在占用库存的情况。老款支架抱箍与杆标识牌为软连接方式，锈蚀损坏后造成塔号牌歪扭不美观、悬挂、掉落丢失等缺陷。

针对存在的问题，新型标识牌支架抱箍从五个方面进行了改进：一是增大了抱箍厚度，延长了标识牌固定设备的使用寿命；二是对抱箍和支架使用了镀锌工艺，增强了抗腐蚀能力；三是统一抱箍尺寸，减少了备品备件成本；四是更改抱箍软连接方式，使用带钩螺杆改为硬连接，避免了标识牌悬挂和歪扭；五是进一步规范安装方法和工艺，降低了缺陷复发率。

新型标识牌支架抱箍具有以下优点：一是支架成本低、构件少、易加工；二是组装简单、安装方便；三是备品备件库存大为减少；四是安装牢固美观，标识牌损坏率低。

旧支架组装图如图 1 所示。新型支架分接图如图 2 所示。新型支架组装图如图 3 所示。

图 1　旧支架组装图　　　　图 2　新型支架分接图　　　　图 3　新型支架组装图

三、应用效果

2018 年 4 月起，冀北检修公司大同运维分部处理新切改杆塔及部分塔号牌缺陷后，给这些杆塔更换了新型标识牌支架抱箍，截至 2018 年 6 月，更换新型标识牌支架抱箍的杆塔未发生过塔号牌缺陷。

2018 年 7 月起，冀北检修公司大同运维分部结合前期新型标识牌支架抱箍的实际应用效果，对所辖 24 条 500kV 输电线路杆塔标识牌因支架损毁的缺陷进行了处理，除加固型背靠背耐张塔外，其余杆塔的老款标识牌支架抱箍陆续更换为新型标识牌支架抱箍。新型标识牌支架抱箍安装简便，单人即可操作，处缺更换工作两周即全部完成。随后利用两个月的时间对各基杆塔进行了定期检查，未发现塔号牌缺陷复发损坏情况。截至 2018 年底，因标识牌支架抱箍出现问题造成的塔号牌缺陷数量同比减少 90% 以上。

新型支架安装使用情况如图 4 所示。

图 4　新型支架安装使用情况

冀北检修公司大同运维分部输电专业部门在两年多时间内不定期对更换后新型标识牌支架抱箍进行追踪抽查，现场发现各类标识牌牢固美观，使用效果良好，各类标识牌缺陷复发率降低至 1%，圆满解决了因抱箍问题产生的各类标识牌缺陷情况。

四、推广前景

经过两年多的追踪抽查，已证实新型支架应用效果良好，大大降低了标识牌类缺陷的复发率。经冀北检修公司大同运维分部相关部门批准，初步计划对所辖线路因抱箍损坏的塔号牌缺陷全部更换为新型塔号牌支架，并且计划后期逐渐对所辖线路的全部塔号牌支架进行更换。

新型支架具备大范围推广应用的条件，主要表现在：一是成本低廉。同旧标识牌支架相比，新型支架成本是旧支架成本的 1/3。二是配件少、易加工。旧支架配件较多，由长短不一的角钢支架和不同型号的内外扁铁抱箍组成，而新型支架仅由角钢支架和带钩螺杆两部分组成，且带钩螺杆材料单一，加工方便简单。三是单人操作，安装便利、用时少。旧支架安装时必须由两人配合安装，整套标识牌安装时间约 25min，而新型支架单人即可携带登塔安装，整套标识牌安装时间约 10min，大大提高了工作效率。四是牢固美观。旧支架扁铁抱箍因材料较软，特别在大风口微气象区域，常因大风导致标识牌歪扭倾斜，而采用的新型带钩螺杆，因材质较硬，在任何区域都能保证标识牌整体不变形。

综上所述，新型支架在今后的标识牌安装中能够发挥出更大的作用，我们也会继续追踪抽查，逐步证实其应用效果，及时申请专利且尽可能地在同行业中推广应用，有效遏制标识牌类缺陷的发生率，使输电线路设备的整体健康水平得到提高。

绳索式输电线路铁塔防坠装置

国网唐山供电公司　　郑　爽　高泽恒　马亚运

一、研制背景

（1）工作实际。作业人员在杆塔上进行高空作业及转位时，可使用安全带和后备保护绳分别系在杆塔不同部位的牢固构件上对自己进行防坠保护，但在攀登杆塔和下塔时由于人身需要进行频繁、快速地移动，所以作业人员都是在处于无保护的状态攀登杆塔。

（2）安全需求。试验铁塔拆除工程中，现场安全设施及安全措施不全，攀登高塔时失去保护，作业人员在上下杆塔的过程中存在着极大的安全隐患，甚至可能发生作业人员坠地事故；作业人员登杆塔作业体能消耗大，危险性高。

因此在输电线路的生产工作中，迫切需要一种防坠装置来保护作业人员上、下塔时的人身安全。

二、创新点

本项目研制的绳索式输电线路铁塔防坠装置采用了一种适用于角钢塔材的四脚固定、三角承力的端点固定结构，借鉴攀岩防坠原理，利用钢丝绳作为防坠索道。

选用随行合理的防坠锁，一端与作业人员的安全带连接，另一端与防坠绳索连接。作业人员在攀登杆塔和下塔时，可携带防坠锁沿防坠绳索自由移动，一旦发生坠落，作业人员携带防坠锁以较高的瞬时速度下落，带动防坠锁的偏心体动作，挤压偏心体与防坠锁前壁的空间，通过摩擦力将作业人员锁止在防坠钢丝绳索上，从而有效防止坠落的发生，保障作业人员的人身安全。

绳索式输电线路铁塔防坠装置实物如图 1 所示。

图1 绳索式输电线路铁塔防坠装置实物

三、应用效果

输电运检中心新入职检修班及带电班员工应用绳索式输电线路铁塔防坠装置作为保护装置进行了带电作业项目的模拟训练，并模拟坠落发生，经现场实际应用，绳索式输电线路铁塔防坠装置均能成功锁止，有效防止了作业人员高空坠落。截至目前，作业人员在上、下铁塔的过程中因意外发生高摔的情况为零，锁止成功率100%。

绳索式输电线路铁塔防坠装置的应用如图2所示。

图2 绳索式输电线路铁塔防坠装置的应用

在经济效益方面，绳索式输电线路防坠装置制作成本约为2500元，每条线路安装两个防坠装置，与原导轨式防坠方案3万元成本相比，一套装置大约可节省成本2.5万元。以国网唐山供电公司220kV董柳一二线为例，共有100基杆塔，每基杆塔双回线路同塔并架，如果在该线路上配备安装这样的防坠装置，仅这一条线路就可节省2.5×2×100=500（万元）。

四、推广前景

本项目研制的绳索式输电线路铁塔防坠装置自身质量轻，体积小，安装方便，可在短时间内以较少的人力完成一基杆塔的布设，且一次安装永久使用。

其索道固定装置采用304不锈钢材质以三角承力结构设计，索道本体采用多股不锈钢钢丝绳，具有足够的机械强度。

绳索式输电线路铁塔防坠装置，可在作业人员上、下杆塔的过程中有效地保障作业人员的人身安全，消除了上、下杆塔过程中的安全隐患，杜绝了高摔事故的发生。该装置适用于角钢塔材质的架空输电线路铁塔的防坠，适合在行业全面推广。利用本项目原理，亦可开发钢管塔、混凝土杆等多种类型杆塔的一系列防坠应用，具有广阔的推广前景。

双拉杆翼型带电提升导线装置

国网唐山供电公司　　钱士龙　高泽恒　郑　爽

一、研制背景

随着社会用电需求的不断增加，对架空输电线路输送能力要求越来越高。为了提升线路的输送能力，通常采用增大导线截面和分裂导线根数的方法，这就增加了导线的垂直荷载、改变了杆塔的型式。同时，为了解决树线矛盾，少砍伐树木，减少投资，采取了高跨的方式，也造成了导线垂直荷载的增大。

导线垂直荷载的增大和杆塔型式的变化造成原有带电提升直线杆塔处导线的工具无法使用，当发现绝缘子串闪络、线夹损坏、均压环脱落等缺陷时，只能采用大吨位手扳葫芦临时停电进行处理。停电检修作业减少了公司售电量，影响了用户正常生产、生活用电，降低了供电的可靠性。目前，输电线路检修作业大多靠人工完成，在向杆塔上传递工具、材料时，尤其是带电作业，一些先进的起重工具无法使用，完全靠人力上下传递。当工具、材料较重时，需要多人拉拽传递绳，重物起吊后，人员用力稍小于重物的重量或手滑时，传递绳就会沿着滑车回落，白白浪费了拉拽传递绳人员的体力，增大了劳动强度，延长了施工与检修工作时间，如不及时控制还可能导致重物回落较快，甚至危及工作人员的人身安全。杆塔高度增加后，更是极大地增加了检修人员的劳动强度。

在此背景下，本项目研制出一种双拉杆翼型带电提升导线装置，用于带电作业提升导线。

二、创新点

双拉杆翼形导线提升装置由翼形卡具、丝杠、丝杠卡座、绝缘拉杆、导线挂钩等组成。翼形卡具固定在横担上，两侧各安装一个丝杠，绝缘拉杆连接丝杠，导线挂钩安装在绝缘拉杆上，并可以调整距离，工作人员旋转丝杠摇柄就可以轻松将导线提升起来。

（1）翼形卡具和丝杠卡座可以根据杆塔导线横担的结构型式灵活配置，组合或分解固定在导线横担上，适合多种形式杆塔。

（2）发明了多个绝缘拉杆组合带电提升不同荷载导线的作业方法。例如可以采取单个、双个或四个拉杆的组合形式，达到了提升不同荷载的导线的目的。

双拉杆翼型带电提升导线装置实物如图 1 所示。

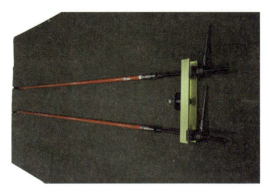

图 1　双拉杆翼型带电提升导线装置实物

三、应用效果

双拉杆翼型导线提升装置及辅助工具研制成功后，经国网唐山供电公司运检部验收、华北电力科学研究院电气检测合格，并制订了标准化作业指导书，广泛应用到国网唐山供电公司输电线路相关检修作业中。后在 220kV 乐骈一线 6 号、武溯二线 17 号、董柳二线 52 号、董柳一线 50 号、山董一线 19 号、山凤一线 15 号、柳南线 10 号、官赵线 41 号、官扣线 32 号 9 条线路上进行了带电处缺工作，经过实际应用，工具安全可靠。按 220kV 乐骈一线 20 万 kW 负荷、居民电价 0.52 元 /kWh、每次停电 8h 计算，至少可避免停电售电量损失 748.8 万元。本成果不仅适用于带电作业，同时也可应用于相关类型的停电检修作业。本成果经生产实际应用检验，使用方法简单、操作灵活快捷、安全可靠，极大地提高了工作效率和减轻了检修人员的劳动强度，避免了线路临时停电，保证了用户正常生产、生活用电，提高了供电可靠性，显著降低了电网运营成本，提高了电网的检修效率，创造了极大地的经济效益和社会效益，应用效果良好。

双拉杆翼型带电提升导线装置的应用如图 2 所示。

图 2　双拉杆翼型带电提升导线装置的应用

四、推广前景

　　本成果采用优良的绝缘材料和高强度铝合金制成，均为市场常见材料，其绝缘性能优良、机械强度高，在保证安全可靠的同时成本低廉。本成果加工制作工艺简单，适合批量生产，使用方法简单，可操作性强。截至目前，本成果已发表论文 2 篇，获得国家发明专利授权 2 项（专利号：ZL201410183040.5、ZL201510298339.9），获实用新型专利授权 3 项（专利号：ZL201420248907.5、ZL201420222106.1、ZL201520375639.8）。经河北省电力科技查新工作站查新，本成果在国内外属于首次提出，具备广阔的推广前景。

一种适用于长螺杆连接件的套筒扳手

国网张家口供电公司　　　王立生　刘晓博　郭建勋

一、研制背景

套筒扳手是机械装配常用的紧固工具,具有操作方便的特点。现有的套筒扳手结构简单,在用于紧固杆体较长的螺栓紧固件时,经常发生螺栓端部顶触套筒卡孔底而无法紧固的现象。

架空输电线路的运维作业中,这类情况经常出现,在套筒类扳手无法使用的情况下,利用普通扳手(呆扳手或活扳手)进行拆装操作费时费力,尤其是一些特殊部位(如狭小空间位置)的紧固点(如安装架空输电线路标识牌工作),螺母每转动一圈需要经5~6次倒换扳手小角度反复扳动。而架空线路作业大多为高空作业,工作人员需要长时间悬吊在高空,工作强度较高,危险性较大,工作效率低。采用普通扳手的另一缺点是当螺母完全松脱后,极易发生高空坠落,砸伤下方人员及设备,存在安全隐患。

因此,急需研制一种新型的套筒扳手,扳手内设通道作为螺杆的容腔,用于长螺杆及狭小空间位置螺母紧固件的紧固操作。

二、创新点

本项目研制出一种适用于长螺杆连接件的套筒扳手,由套筒杆、套筒头、手柄组成。手柄垂直固定在套筒杆上端;套筒杆下端与套筒头上端可拆卸的插接装配;套筒杆及套筒头通过传递扭矩的多边形转矩接头连接配合,并通过顶丝定位;套筒头下端部设有起卡止作用的多边形内卡孔,多边形内卡孔的内壁设有磁性材料层;套筒杆及套筒头的内部设有纵向相互连通的通道。

套筒扳手结构如图1所示,套筒扳手实物如图2所示。

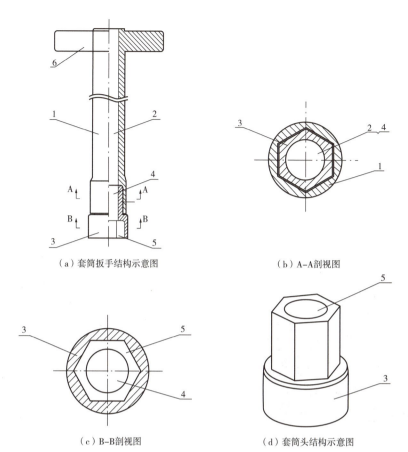

（a）套筒扳手结构示意图　　　　　　　　　　（b）A—A剖视图

（c）B—B剖视图　　　　　　　　　　（d）套筒头结构示意图

图1　套筒扳手结构

1—套筒杆；2—套筒杆通道；3—套筒头；4—套筒头通道；5—内卡孔；6—手柄

图2　套筒扳手实物

本成果具有以下优点：

（1）克服了现有套筒扳手及普通扳手的缺陷，紧固螺母时不再受长螺杆及空间狭小等因素的限制，套筒杆可深入狭窄的空间内进行操作。当遇到较长的螺杆时，螺杆穿过套筒杆及套筒头的通道，由套筒杆上端伸出，可整圈均匀地转动螺母，充分发挥出套筒扳手便于操作的优势，特别是在输电线路高空作业中，大幅降低了操作难度，提高了工作效率。

（2）可根据施工情况更换套筒头，适用于多种规格螺母的紧固。

（3）体积小，携带及使用方便快捷，实用性强。

（4）套筒头内壁附有一层磁性金属层，用以吸附螺母，防止螺母松脱发生高空坠物，确保了检修人员及设备的安全，消除了安全隐患。

三、应用效果

本成果已在国网张家口供电公司得到全面推广应用。以安装杆塔三牌为例，使用本成果，将高空作业时间由 20min 缩短到 10min，每天每人安装 3~4 基杆塔提高到 5~7 基杆塔，安装工效提高将近 50%。

本成果已在各种线路工作中应用 5000 多次，按每次使用可以节约费用 100 元来估算，使用本成果节约人力物力及间接产生的经济效益约 50 万元。套筒扳手的应用如图 3 所示。

图 3　套筒扳手的应用

另外，本成果的使用，可以高效地进行各种线路紧固螺栓工作，提高工作效率，缩短高空作业时间，避免高空掉物，消除安全隐患，保障了检修人员及设备的安全，保证线路的安全稳定运行。

四、推广前景

本成果不仅结构简单，生产成本低，易于制作，而且装置体积小，携带及使用方便快捷，实用性强。本成果的使用，缩短了高空作业时间，提高了工作效率和安全系数，为输电工作人员提供了便利，同时也节约了人力物力，为企业节省了开支。本成果的使用，预防了螺母松脱发生高空坠物的现象，避免了伤人伤物事件的发生，确保了检修人员及设备的安全，消除了安全隐患。本成果已获国家实用新型专利（专利号：ZL201520589988.X）。本成果不仅可以应用于输电线路所有紧固拆卸螺栓工作中，其他行业紧固拆卸螺栓工作均可以使用（尤其是长螺杆的螺栓和狭小空间位置螺栓紧固拆卸工作效果最突出）。

综上所述，本成果经济效益和实用效果十分优异，应用前景广泛，适合在行业内全面推广使用。

高空作业多功能悬挂器

国网秦皇岛供电公司　　罗志勇　张国瑞

一、研制背景

（1）在架空线路的施工、检修工作中，高空作业所需工具材料均需传递绳上下传递。传递绳一般系在电杆或横担上，工具袋基本都在工作人员的身上背着，而施工所用的滑轮、紧线器、液压钳等常用工具和一些较小的材料用传递绳提到杆上后，都是临时挂（放）在横担或架构的某个部位，使用时经常出现刮碰或摘卸不便现象，工作人员在杆上转位或摘挂工具材料等过程中，工具、材料滑脱坠落的现象偶有发生，存在较大的安全隐患。

（2）在架空配电线路的耐张、终端绝缘子更换及较小型号导线的紧线工作中，紧线器都是通过钢丝绳套固定在横担上。紧线过程中，固定在横担上的钢丝绳套极易在横担的棱角处出现变形和断丝现象，在曲折型横担端部固定的钢丝绳套受力时，经常发生钢丝绳套滑移现象，存在一定的安全隐患。

针对这些问题，国网秦皇岛供电公司研制了一种高空作业多功能悬挂器。

二、创新点

针对高空作业频繁传递工器具及工器具、零部件临时安放固定困难的问题，本项目依托杆上既有横担并根据横担结构、规格，使用一80×8扁钢、$\phi 12 \times 50$ 螺栓、保险钩等制成能够方便安装、便于移动、拆卸、多悬挂点的高空作业辅助工具。

（1）将适当长度如 80×8 扁钢折成 ⌐ 形状（约 280mm，各部位长度见图 1），使用打孔机在扁钢 U 形部分外侧上打 $\phi 13$ 孔 2 个（孔距适中、孔中距端头约 20mm），并将 $\phi 12$ 螺母焊在打孔处。

（2）在 ⌐ 状扁钢上部端头处打 $\phi 18$ 孔 2 个（孔距 30mm、孔中距端头不小于30mm），打磨扁钢端头。

（3）根据需要可在 ⌐ 状扁钢上部适当位置焊接铁质挂钩。

多功能悬挂器制作简图如图 1 所示，实物如图 2 所示。

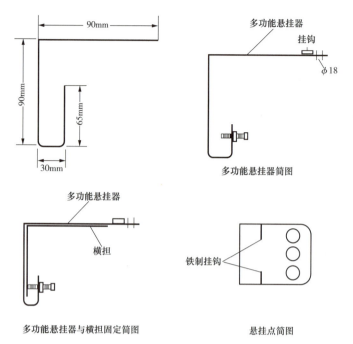

图1　多功能悬挂器制作简图

图2　多功能悬挂器实物

三、应用效果

（1）高空作业多功能悬挂器结构简单，便于加工制作，造价低，实用性强。在使用过程中具有便于携带、便于安装、操作方法简单、移动方便、安全可靠性高、工作效率高等优点。

（2）作为架空线路的施工、检修工作的辅助工具，将多功能悬挂器固定在横担上，悬挂器上的挂钩、保险钩用来悬挂作业所需的传递绳、工具袋、紧线器、滑轮等常用工具，解决了高空作业传递绳、工具袋及常用工具系挂固定不便、不可靠的难题，消除了工具、材料意外滑脱坠落的安全隐患。

（3）将多功能悬挂器固定在横担的适当位置，作为紧线器的悬挂点收紧适当规格的导线，可使紧线器与横担的固定更加便捷可靠，又可避免钢丝绳套的变形损伤，消除钢丝绳套受力滑移导致的不安全现象。

（4）多功能悬挂器规格适用于∠75×8、∠70×7、∠63×6规格的线路横担，也可根据不同规格的横担选用不同规格不同长度的扁钢，以满足施工、检修需要。

多功能悬挂器应用现场如图3所示。

图3　多功能悬挂器应用现场

四、推广前景

高空作业多功能悬挂器结构简单，造价低，便于加工制作。在使用过程中安装、操作方法简单，安全可靠性高，实用性强，可在架空线路的施工、检修工作中广泛应用。

多角度可视带电检测拉杆头

国网秦皇岛供电公司　　张庚喜　夏荣胜　孙德彬

一、研制背景

依据国网冀北公司电气设备带电检测技术规范的要求，工作人员要对所辖的 35kV 及以上电缆线路终端塔上的金属氧化锌避雷器在新投运及每年的雷雨季节前后进行带电检测，测量运行电压下金属氧化锌避雷器的全电流和阻性电流试验数值，并与避雷器投运后的试验初始值进行比较，且不应有明显变化。

由于电缆线路终端塔上的金属氧化锌避雷器距地面较高，为保证安全距离，工作人员攀登铁塔手持绝缘拉杆将试验绝缘导线点在线路避雷器的计数器的上端接线端子上，由于距离较远，高空工作人员很难将拉杆的金属头准确点在避雷器计数器的上端接线端子上，有时为了读取一个试验数值，高空工作人员需反复调整绝缘拉杆角度，使其稳定地点在避雷器计数器的上端接线端子上，有时手一抖下方的工作人员就不能有效准确地读取试验数据，增加了工作时间，还直接影响了试验数据的准确性，因此设计研发了多角度可视带电检测拉杆头。

避雷器带电检测现场如图 1 所示。

图 1　避雷器带电检测现场

二、创新点

多角度可视带电检测拉杆头的工作原理：加工了一个可多角度调节的小接头，直接套装在原有普通绝缘拉杆的金属头横杆上，用顶丝将其固定，顶部插入检测弯头，用顶丝固定，可多角度调节，便于在高空点击待接试验的避雷器计数器上端接线端子上。

多角度可视带电检测拉杆头实物如图2所示，其结构如图3所示。

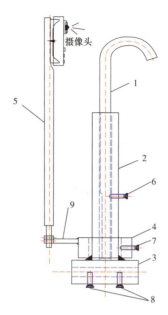

图2　多角度可视带电检测拉杆头实物

图3　多角度可视带电检测拉杆头结构
1—试验弯头；2—试验弯头连接仓；3—绝缘拉杆连接仓；4—可旋转调节的摄像头转盘；5—蓝牙摄像头绝缘连接杆（蓝牙摄像头可由市场采购）；6~8—紧固旋钮顶丝；9—可旋转调节的摄像头转盘延长杆

如图3所示，使用过程中，先将3底部的2个紧固旋钮顶丝8松开，将原有绝缘拉杆顶端的接线横杆套入3中，旋转旋钮顶丝8，使该工具与绝缘拉杆紧密固定。将顶端固定有外购蓝牙摄像头的5，通过5底部的螺口与9连接固定，将4套在2上，将1插入2中，根据实际工作中的试验位置角度，旋转旋钮顶丝6、7将各个部件之间固定，绝缘试验导线夹在2上。

该工具上的旋转支架，使用绝缘材质加工一连接杆，连接杆的顶端安装一与手机可蓝牙连接的小摄像头，在15m范围内，可通过摄像头用手机直接观察与被试设备连接情况，并可根据工作需要，更换弯头1进行其他在实时可视监控下的各种高空操作。

三、应用效果

在秦皇岛地区全部主网电网10kV及以上高压电力电缆运行维护中，2019年共完成110kV及以上电缆线路塔上避雷器带电测试74组，其中220kV 18组，110kV 56组。在使用本成果前，由于电缆终端塔上的金属氧化锌避雷器距离较远，工作人员不能手持绝缘拉杆准确地点在避雷器计数器顶部的接线端子上，无法进行试验读数，试验数据产生误差，有时操作人员站在铁塔上，检测一相避雷器检测试验需要 5~10min。

使用本成果后，高空作业人员手持带有该工具的绝缘拉杆，进行线路避雷器带电检测工作，通过工具上附属的蓝牙摄像头，由地面工作人员在手机上实时监控指挥高空作业人员调整可多角度调节拉杆的触头位置，使其准确点在避雷器计数器的上端接线端子上，提高了工作效率，增加了试验数据的准确性，而且保障了作业人员人身安全。本成果还可用于拉杆在实时可视监控的各种高空带电操作。

多角度可视带电检测拉杆头的应用现场如图 4 所示。

图 4　多角度可视带电检测拉杆头应用现场

四、推广前景

本成果已于 2018 年 9 月获得国家实用新型专利，如图 5 所示。本成果可直接安装在普通绝缘拉杆顶端，在 35kV 及以上线路上对避雷器进行带电检测试验工作时有安全、方便、快捷的特点。

图 5　一种试验弯头支架以及带电检测装置实用新型专利证书

架空输电线路绝缘子带电憎水性测试工具

国网承德供电公司　　王树军　刘　健　徐　硕

一、研制背景

架空输电线路复合绝缘子的憎水性测试工作是一年一度的例行工作，在传统带电作业中需对运行的绝缘子进行拆卸测试，或人工利用喷壶在地电位进行喷射测试。传统拆卸绝缘子的方法费时费力，工作效率低下，人工地电位利用喷壶测试方法只能测试绝缘子的顶部，绝缘子的中间部位及下部不能测试，因此测试结果具有局限性。

带电拆卸绝缘子作业现场如图1所示。人工地电位喷射测试如图2所示。

图1　带电拆卸绝缘子

图2　人工地电位喷射测试

针对传统憎水性测试方法存在的问题，国网承德供电公司开发设计了一种全新的带电作业憎水性测试工具。

二、创新点

本项目研制的带电作业憎水性测试工具有以下特点：

（1）绝缘操作杆具结构为伸缩式设计，尾部手闸操作内置传动绝缘操作杆，能够灵活地适应各种带电作业操作场景，方便作业人员进行远距离操作，可推广应用到其他带电作业工作中，如带电喷漆防腐、配合相应工具进行带电修剪树枝等。

（2）该工具可重复填充喷涂物，可重复喷涂使用，节约了材料成本。

（3）该工具完全采用机械式设计，结构简单，较电子式设计可靠性高，当操作杆较长时采用分段式设计，携带、运输方便。

（4）该工具的测试方法较传统测试方法效率较高，测试效果较好。

（5）该工具由卡瓶机构、绝缘操作杆及传动机构、操作机构三部分组成，分别如图3~图5所示。

带电憎水性测试工具整体效果如图6所示。

图3　卡瓶机构

图4　绝缘操作杆及传动机构

图5　操作机构

图6　带电憎水性测试工具整体效果

三、应用效果

本成果应用于国网承德供电公司 110~220kV 输电线路憎水性测试，现场使用方便，易于操作，测试结果符合要求且具有较强的实用性。本成果 2017 年度曾入选国家电网公司优秀带电作业工具展示，在 2018 年 4 月 26 ~ 27 日国网冀北公司举行的输电专业新技术交流会上进行了成果展示。

带电憎水性测试工具现场应用照片如图 7 所示。绝缘子憎水测试效果如图 8 所示。

图 7 带电憎水性测试工具应用现场照片

图 8 绝缘子憎水性测试效果

四、推广前景

本成果针对输电线路的各类绝缘子憎水性测试工作而设计。通过使用本成果，原本需要停电进行的作业，可以带电完成，有效缩短了线路停电时间，从而保证了供电的连续性和可靠性，并加快了运检速度，显著提升了电网效益。

在输电线路检修方面，单纯停电处理缺陷模式已经不能满足对供电连续性、可靠性的要求，在技术条件支持下、保证人身安全的前提下，尽可能地带电处缺无疑是一种优先选择的方案。架空输电线路绝缘子带电憎水性测试工具恰是这种能满足带电作业的一种工具，传统停电完成的工作能够带电完成，较传统测试方法测试效率高，测试效果好。本成果具有巨大的社会效益，前景非常可观，可大面积推广应用。

绝缘子并联间隙电极故障指示装置

国网承德供电公司　　王树军　赵国良　季　宁

一、研制背景

为了降低绝缘子受的雷击伤害，部分架空输电线路装有绝缘子并联间隙，作为疏导型防雷保护，其思想是允许线路有一定的雷击跳闸率，但通过并联间隙与绝缘子间的绝缘配合，起到利用间隙接引闪络通道、疏导工频电弧的作用，从而避免绝缘子故障损坏，提高重合闸成功率，避免永久性故障的发生。绝缘子并联间隙在承德地区输电线路的运行经验表明，并联间隙能够有效保护绝缘子免受雷击损坏，提高输电线路供电可靠性。但并联间隙安装后存在以下问题：

（1）并联间隙头部放电后，表面烧伤痕迹很小，甚至不明显，故障巡视人员难以精准判定，对故障巡视造成一定的难度。

（2）因并联间隙设备直接安装在绝缘子两端，拆卸困难，雷击后并非进行更换，当该间隙遭受不同时期内的多次雷击后，故障巡视人员难以确认雷击故障点是哪一次的，对故障查找造成干扰。

针对以上问题，国网承德供电公司研制了一种绝缘子并联间隙电极的雷击故障指示器。

二、创新点

（1）并联间隙放电帽主要由四部分组成，其结构如图1所示。

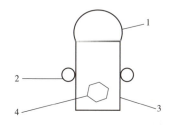

图1　并联间隙放电帽结构示意图

1—放电头部（刷有高温变色漆）；2—操作杆连接部位；
3—套管；4—锁紧螺栓

（2）并联间隙放电帽中，放电头部与套管为一体式，操作杆连接部位为圆型细套管与主体套管焊接。

（3）设计操作杆连接部位的目的是配合带电操作头使用，配合带电作业操作杆及操作头，并联间隙电极故障指示装置（见图2）可实现带电安装和拆卸。

图2　并联间隙电极故障指示装置实物

（4）为配合故障指示装置的安装与拆卸，设计了梅花头连接的叉型操作头和扭力扳手套（见图3），通过梅花头与绝缘操作杆连接，完成并联间隙电极故障指示装置的带电安装与拆卸工作。

图3　叉型操作头和扭力扳手套

（5）并联间隙电极故障指示装置使用流程如图4所示，具体方法如下：

1）使用绝缘操作杆配合叉形操作头插在该装置两端的圆形细管中；

2）使用绝缘操作杆将该装置套在绝缘子并联间隙头部；

3）使用绝缘操作杆（带套筒）的扭力扳手套于锁紧螺母上进行该装置与绝缘子并联间隙的压紧固定。

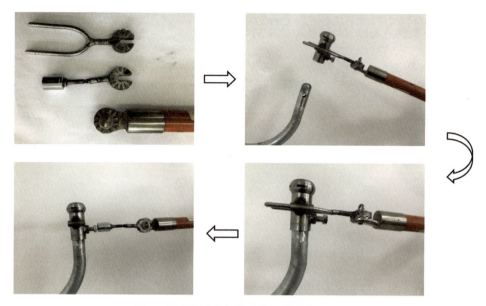

图 4　并联间隙电极故障指示装置使用流程

三、应用效果

2018 年在国网承德供电公司 220kV 承建一线等线路上安装了线路绝缘子并联间隙电极的故障指示装置，通过现场安装和实际运行情况表明：该装置安装、拆卸方便，能够带电作业完成操作，满足技术要求，实用性强。

所安装的线路绝缘子并联间隙指示装置工作状况良好，能够非常明显地指示并连间隙是否遭受雷击，为故障巡视人员提供了可靠的故障辨别工具。2018 年 3 月，该装置获得了国家实用新型发明专利证书。

四、推广前景

通过并联间隙电极故障指示装置的应用，雷击杆塔时，并联间隙头部放电后，可不拆卸原有并联间隙本体，只拆除该装置后更换即可，对拆下的装置可作为雷击故障的实物、证物进行分析佐证。

并联间隙电极故障指示装置体积小巧、安装拆卸方便、成本低廉、实用性高，能带电安装、拆卸，并能够非常明显地指示并连间隙是否遭受雷击，解决了架空输电线路绝缘子并联间隙雷击放电后雷击点不明显、雷击时间难判断的问题，提高了故障巡视效率和准确性，可广泛应用于输电线路的巡视。

电缆分盘双制动收放架

国网廊坊供电公司　　冀维成

一、研制背景

随着"煤改电"村街居民冬季由燃煤到电取暖方式的变化，电成为冬季取暖的必要条件。配电设备因检修或故障停电时，当不能保障采取线路转供负荷时，应急电源车成为确保冬季取暖设备能够连续供电的一项重要保障措施。

在"煤改电"村街低压主干线处配置应急电源接入箱，应急电源车通过4根单芯且两端带航空插头的专用电缆与安装在电杆或设置在地面上的应急电源接入箱内部的航空插头接口进行连接后，将电能送至低压主干线。尽管采取了电源车这种应急供电方式，保证了用户取暖设备的可靠供电，但恢复供电的时间仍然较长。

目前，作业人员每次使用完电缆后，都是对电缆进行简单的自身盘绕，同时由于运输、装卸、放置的随意性，下次作业时往往会出现4根电缆间相互缠绕、不易进行展放的问题，甚至可能出现航空插头破损导致不能接入，成为应急电源车接入低压主干线时间较长的主要原因。

为保证应急电源车专用电缆的快速接入，国网廊坊供电公司创新性研制了电缆分盘双制动收放架，使电缆的接入效率提升了80%，同时也为电缆的运输、装卸及放置提供了便利。

二、创新点

本成果根据小型电缆卷盘的单盘缠绕特点，同时借鉴人工式电缆收放车和动力式电缆收放车（机）的展放制动原理，结合应急电源车专用电缆的特点，实现截面积为$185\sim240m^2$，长度一般为$15\sim20m$的单芯软铜电缆的轻快快速展放。

本成果在坚持加工简单、坚固耐用、性价比高的原则下，经过模拟试验，最终确定了研制的技术方案，明确由固定支撑、转动支撑、电缆缠绕部分及制动四部分组成。

电缆分盘双制动收放架实物如图1所示。

图1　电缆分盘双制动收放架实物

本成果的创新点如下：

（1）采用分盘式设计，将4根电缆单独缠绕在不同的4个绕线盘上，方便了两端配备航空插头的电缆展放、收集与放置。

（2）采用单盘双制动设计，杜绝了电缆在展放与展放后收集过程中出现的"飞车"现象。同时也确保了电缆在运输、装卸及放置过程中绕线盘的稳固，不发生转动。

（3）采用脚轮，使整体的移动更加便捷。

三、应用效果

电缆分盘双制动收放架的应用，明显降低了现场作业人员的劳动强度，提高了电源车与接入装置间的接入效率，在电缆展放环节由原来的15min降低到3min即可完成，效率提高80%。本成果不但为电缆的运输、搬运、放置、展放及收集等工作提供了便利，避免了电缆因拉动或外力造成的外绝缘层损坏，航空插头因外力或撞击造成的损伤，而且也使电缆的日常管理更加科学和规范。本成果的成功研制，得到了公司相关部门的认可，并取得了较好的经济效益和社会效益。

经济效益：减少因外力或其他原因造成电缆外绝缘层或两端航空插头破损（以1个航空插头和1根电缆为例）需要更换的成本约为3500元，其中航空插头更换一次成本约500元，电缆更换一次成本约3000元。

社会效益：本成果的使用，为电源车与电源接入箱的快速连接提供了保证，明显降低了接入时间，缩短了停电时间，提高了供电可靠性，使应急电源车到位后安全、高效地将电能送至低压主干线成为可能，取得了较好的社会效益。

电缆分盘双制动收放架应用现场如图2所示。

图2　电缆分盘双制动收放架应用现场

四、推广前景

　　本成果取得授权的实用新型专利一项（专利号：ZL201820799720.2）。应急电源车作为保证可靠供电的一种重要手段，应时刻保持其与低压系统的快速接入。应急电源车专用电缆作为电源车与低压系统建立电气连接必要条件，其展放、收集、运输、装卸、放置的管理直接影响着接入效率，电缆分盘双制动收放架的研制大幅提升了电缆规范化管理水平，显著提高了电缆展放效率，使电源车能够安全、快速地接入低压系统，因此具有广阔的应用前景。

绝缘子串同步起吊工具

北京送变电有限公司　　王志远　张小永　吴成浩

一、研制背景

绝缘子串是输电线路上普遍应用的产品。为了满足拉力或者绝缘性能，双联绝缘子串已经在超高压和特高压输电线路中得到了广泛的应用。昌吉—古泉 ±1100kV 特高压直流输电工程线路工程，首次将电压等级提升到世界之最的 ±1100kV。该工程无论杆塔横担长度，还是导线金具质量，都与以往 ±800kV 线路有着质的差别，没有施工经验可以借鉴，施工工器具都需根据要求作出适应性调整。昌吉—古泉 ±1100kV 特高压直流输电工程线路工程甘5标段直线塔全部为双联双挂点 V 形悬垂串，该绝缘子串由两个复合绝缘子串下端通过联板相连接，联板为一个整体，在安装过程中无法分解吊装，并且该双联复合绝缘子串长度达到 16.6m，总质量达 2000kg，这给其安装作业带来一定的难度。在安装时需要将双联复合绝缘子串同时起吊至安装位置，同时又必须采取防止两串绝缘子发生相互碰撞或摩擦的措施，以免绝缘子伞裙表面发生破损，导致抗拉强度和绝缘性能受到严重影响。必要时还需要更换绝缘子串，影响施工作业的正常进行，也会带来较大的经济损失。为了解决绝缘子串的起吊和安装问题，本项目研制出一种绝缘子串同步起吊工具。

二、创新点

±1100kV 特高压直流输电线路工程中，传统方式吊装双联绝缘子串的主要方式是采用钢丝绳直接吊装。该吊装方式存在的问题是：绝缘子串单根受力和吊装过程中两个绝缘子串距离非常近，极易发生绝缘子串之间碰撞或者摩擦的情况；绝缘子串不能同步到达安装位置。

本项目研制的绝缘子串同步起吊工具由 ∠ 90mm×8mm 角钢和夹具组成，工具全长 1000mm，每侧角钢宽度 90mm，夹具长度 180mm，使用 ϕ24mm 螺栓紧固夹具。绝缘子串同步起吊工具通过位于横梁两端的锁固部与复合绝缘子串的端部金属锁固，然后通过绳索连接横梁中部的吊装部起吊。吊装时，横梁将两个复合绝缘子串的上端间隔一定距离，并且由于绳索连接横梁的中部，这样在起吊过程中横梁的受力点为中部和两端，中部的力为向上的拉力，两端的力为向下的拉力，使两个复合绝缘子串的受力平衡。绝缘子串同步起吊工具通过一个牵引孔就可以完成双联绝缘子串的起吊，同时能保证绝缘子串受力平衡和避免在起吊过程中两个绝缘子串发生碰撞或摩擦。

绝缘子串同步起吊工具实物如图1所示。

图1　绝缘子串同步起吊工具实物

绝缘子串同步起吊工具解决的创新点为：

（1）双联绝缘子串在吊装和安装时的水平距离始终保持一致；

（2）平衡了双联绝缘子串在吊装过程中每个绝缘子的受力；

（3）防止了双联绝缘子串在吊装过程中相互碰撞或摩擦。

三、应用效果

绝缘子串同步起吊工具在昌吉—古泉 ±1100kV 特高压直流输电线路工程甘 5 标段施工项目部吊装 550kN 棒式复合绝缘子双联双挂点单线夹 V 形悬垂串进行了实际应用。施工现场实际应用表明，使用绝缘子串同步起吊工具吊装双联绝缘子串，在绝缘子串从地面到起吊离地过程阶段，两个复合绝缘子串会保持一定的间距，不会出现摩擦和碰撞；从吊装的过程中到安装完成阶段，两个绝缘子串会被拉直且继续保持一定的间距。

绝缘子串同步起吊工具的现场应用如图2所示。

图2　绝缘子串同步起吊工具的现场应用

四、推广前景

绝缘子串同步起吊工具结构简单、通用性强，安装拆除方便。吊装双联绝缘子串，尤其是在特高压直流双联绝缘子串上使用绝缘子串同步起吊工具，在双联绝缘子串及悬挂金具到预定安装位置的吊装过程中，每个绝缘子的受力是平衡的，同时防止了绝缘子伞裙在吊装过程中的相互碰撞或摩擦。

绝缘子串同步起吊工具满足特高压直流 8 分裂导线双联绝缘子串安装施工工艺，解决了超长合成绝缘子起吊和安装问题，为后续特高压直流工程施工提供了技术支撑。该工具投入在昌吉—古泉 ±1100kV 特高压直流输电线路工程甘 5 标段的施工中，架线作业层班组的安装效率由一天 2 基提高到一天 4 基，提高了施工效率，取得了良好的经济效益。

绝缘子串同步起吊工具的应用，规范了合成绝缘子施工吊装工艺，减轻了金具及绝缘子的磨损，确保了工程质量，缩短了高空作业时间，降低了安全风险。

本项目实施过程中积累的经验为今后直流特高压线路工程的绝缘子串吊装施工奠定了坚实的技术基础，可广泛推广。

迪尼玛绳锚固工具

北京送变电有限公司　　王建阳　张亚峰　吴　迪

一、研制背景

在输电线路跨越施工中，经常需要用到不同规格的迪尼玛绳作为承力绳进行跨越封网。跨越施工中迪尼玛绳承受着跨越网片、撑杆以及事故状态下导线自重等重量，因此对迪尼玛绳的力学性能有着较高的要求。在跨越封网施工中，迪尼玛绳连通两侧跨越架后张拉至地面，最后与地锚连接，这个过程称为迪尼玛绳的锚固，如图 1 所示。

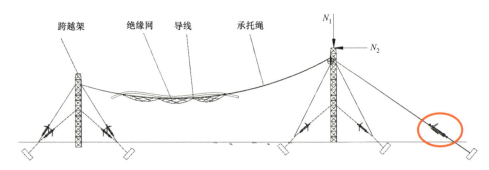

图 1　迪尼玛绳跨越封网示意图

目前现场迪尼玛绳的锚固主要采用卡线器和绳套两种锚固方式，这两种方式是通过点接触产生的滑动摩擦力来锚固迪尼玛绳，都不同程度地导致了迪尼玛绳局部的磨损和绳芯弯折损伤，同时摩擦发热后导致迪尼玛绳的破断力迅速下降。传统的施工方法不仅存在较大的施工安全隐患，同时迪尼玛绳重复利用率低也导致了施工成本的升高。

本项目提出对迪尼玛绳锚固工具进行研制，能够快速对迪尼玛绳进行锚固，最大限度地减少对迪尼玛绳的损伤。

二、创新点

迪尼玛绳锚固工具由缠绕线、U 形环、锁紧装置和弹簧组成，如图 2 所示。其实物如图 3 所示。

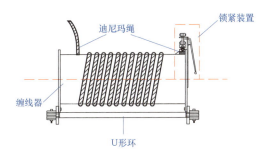

（a）主视图

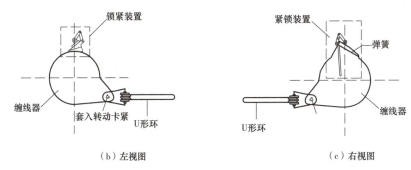

（b）左视图　　　　　　　　　　　　（c）右视图

图2　迪尼玛绳锚固工具设计图

图3　迪尼玛绳锚固工具实物

等截面缠绕装置设计为空心圆筒状，在缠绕装置上设置了迪尼玛绳分隔槽。锁紧装置通过内外两个楔形压头互相挤压产生的静摩擦力，来约束迪尼玛绳端部的运动，从而完成迪尼玛绳的锁紧操作。外部静压头通过焊接方式与缠绕器固定，外部静压头和内部动压头均为可自由进行开合的两部分组成，内部动压头通过卡紧槽进行扣合，内部动压头可通过手柄的行进完成任何位置迪尼玛绳的组装和拆卸。连接环设计为开口销钉形式，使用时无需借助辅助工具，徒手即可完成连接环的开合，可以实现迪尼玛绳任何位置的装卸。

迪尼玛绳锚固工具创新点：

（1）采用了磨筒盘绕加楔形锁紧的方式，改变了传统的夹压模式，将点接触摩擦力优化为面接触摩擦力，使得迪尼玛绳受力更加合理，减小了变形量，具有受力可靠、结构简单、制造成本低的优点。

（2）安装和拆除不需要借助其他工具，施工过程中只需要通过楔形锁紧装置手动即可完成，减轻了施工人员的劳动强度，节约了工器具的资金投入。

三、应用效果

对迪尼玛绳锚固工具进行了现场试验，试验时长为 5 个月，对其收紧情况进行了持续跟踪。其应用现场如图 4 所示。

图 4　迪尼玛绳锚固工具现场应用

应用表明，迪尼玛绳锚固工具锁紧可靠，操作简单方便，无需辅助工具即可完成锁紧操作，提高了施工效率，降低了施工人员的劳动强度。试验后通过对数据进行分析，发现使用迪尼玛绳锚固工具能有效减小迪尼玛绳在锚固过程中产生的塑性变形，使得迪尼玛绳锚固过程中的损伤率由 29.6% 降低到 5.5%，迪尼玛绳购买成本可节省 1/3。

四、推广前景

迪尼玛绳锚固工具适用于不同电压等级输电线路跨越施工中迪尼玛承力绳的锚固，能够在锚固过程中减少对迪尼玛绳的损伤和弯折，降低了施工安全风险，有效提高了迪尼玛承力绳的使用寿命。新建线路在施工中需要大量跨越铁路、高速、电力线路等地面建筑物，迪尼玛绳锚固工具能快速、可靠完成跨越施工中迪尼玛绳的锚固，因此在输电线路施工中具有积极的推广价值和广阔的应用前景。

地线提升辅助装置

国网冀北电力有限检修分公司　　刘德明　李素玉　冯　骁

一、研制背景

输电线路常位于无人居住的偏远山区，且常处在密林或山顶等位置，没有直接通往线路铁塔的行车道路，所以在每次检修或者抢修过程中需依靠作业人员背负所需工器具沿崎岖小道步行至铁塔位置，其中就包括线路作业过程中常用的各种规格的手扳葫芦。由于道路崎岖难行，重达数十斤的手扳葫芦以及配合使用的钢丝绳套通常需要多名工作人员轮流背负，这个过程会消耗检修人员大量的体力，浪费作业时间。

现行的输电线路中，对地线进行操作时，提线工作是常用的操作手段，而手扳葫芦以及钢丝绳套是必不可少的工器具。一是手扳葫芦较笨重，在铁塔上使用不方便；二是当遇到间隙过小的情况时，手扳葫芦的收紧过程就会非常复杂，需要作业人员在铁塔上进行多次调整。由于手扳葫芦本身的局限性，使用其进行提线作业时，会增加作业人员的操作难度，影响工作效率。因此迫切需要研制出一款既能够满足提线要求，又方便携带并且操作简单的地线提升辅助装置。国网冀北检修公司专业技术人员通过总结多年线路检修经验并结合线路实际，研制出一种地线提升辅助装置。

二、创新点

针对手扳葫芦较笨重的局限性，为了优化使用效果，提高工作效率，采用能满足承重要求的扁钢、钢丝绳、滑轮以及手动提升装置为主要构件的改进型手动多功能牵引器的地线提升装置，对比通常使用的手扳葫芦以及钢丝绳套，能够有效减轻装置质量。

为了更好地承力，该装置整体呈"Ⅱ"字形，下端利用支撑底座跨坐于地线支架上，并利用抱箍和螺栓配合与地线支架固定连接，同时为了更具有广泛适用性，该装置具有宽度调节孔，能够适用于多种跨度。上端中间位置为手动提升装置，能够同时向中间转轴收紧或伸长两端的钢丝绳，手动提升装置设有制动阀门，当打开制动阀门时，仅可以单向收紧钢丝绳，当关闭制动阀门时，钢丝绳可以被拉伸。上端左右两边各有一个定向滑轮，钢丝绳通过定向滑轮后改变受力方向，即可通过钢丝绳端的挂钩对地线进行牵引提升，并且钢丝绳端的挂钩设有防脱钩保险装置。该装置的两个地线挂钩相对于手扳葫芦的单挂钩作业方式也具有非常大的优越性，不但提线作业更加稳定牢固，而且作业安全更加有保障。

地线提升辅助装置的上端与下端间的距离能够有效增大牵引器的提升行程，从而很大程度上解决了提升地线的作业时间隙较小导致提升装置行程不够的问题，克服了作业人员使用手扳葫芦操作时需多次进行调整的困难。

地线提升辅助装置实物如图1所示。

图 1 地线提升辅助装置实物

三、应用效果

在装置自身质量上，地线提升辅助装置相比于手扳葫芦有明显优势，步行前往作业塔位时能够减轻作业人员负重，节省体力，减少步行时间，提高工作效率。

应用该装置进行操作时，先将装置下端支撑底座放置于地线支架上，通过调整宽度适应操作跨度，并且利用抱箍与螺栓将其固定在地线支架上。两端钢丝绳通过滑轮后将地线钩住并采取防脱钩措施后，打开制动阀门，利用上端中间位置的手动提升装置手动收紧两端钢丝绳，从而地线在两端挂钩的作用下被提升至合适的作业高度。当检修工作完成后，关闭制动阀门，手动将地线放置于地线金具受力而钢丝绳不受力状态，最后将该装置拆除。

该地线提升辅助装置解决了过去完全依赖笨重的手扳葫芦进行提线作业的难题，节省了人员体力，应用效果良好，检修人员的劳动强度大大降低，能全力投入线路检修、抢修作业。该装置安装简单、实用性强、通用性好，提高了工作效率和检修质量。

地线提升辅助装置应用现场如图 2 所示。

图 2　地线提升辅助装置应用现场

四、推广前景

地线提升辅助装置针对输电线路地线掉线而设计，相较于传统手扳葫芦单挂钩，可以使提线工作过程更加牢固可靠、受力均衡，更换地线金具操作更加简单、安全。避免了因为单挂钩造成提线过程中地线掉落，造成地线损坏或人身伤亡等重大事故，从根本上提高了检修可靠性，杜绝了地线二次提升问题的发生，将可能出现的事故消灭在萌芽阶段。该装置可以拆分，并且组装快速灵活、轻便易携带，可由多个检修人员分别携带，大幅度减轻了检修人员负重，节省了大量体力和时间，提高了检修安全性和效率，显著提升了电网运行稳定性。

综上所述，该地线提升辅助装置具有很强的优越性，作业方式更加简单快捷、安全可靠，将该装置固定于地线支架上方可完成地线提线工作，省去了反复调整钢丝绳套的操作，克服了过度依靠作业经验的弊端。由于该装置制造成本低，周期短，操作简单，具有良好的经济和社会效益，具有广泛的推广前景。

第二部分

配电专业

Part 2

一种新型无人机搭载机器人带电接引装置

国网秦皇岛供电公司　　刘建宁　左加伟　王　伟

一、研制背景

配电线路的安全稳定运行直接关系到用户的安全用电以及电力企业的经济效益，配电带电作业是保证供电设备安全稳定运行，提高电网经济效益和服务质量的一种重要手段。

带电接引工作占据配网带电作业工作量的 70% 以上，是配网带电作业中最主要的工作。目前带电接线作业中多采用绝缘斗臂车作业或登杆作业，但在实际作业过程中，经常会由于地形地势以及接线形式导致无法使用绝缘斗臂车或者无法进行登杆作业，例如无法进车、同杆塔高低压线路并架等，最终只能停电。且以上两种作业方式劳动强度较大，带电作业人员身体负荷较重，这样不利于带电作业大规模开展。

不仅如此，绝缘斗臂车价格高昂、结构与操作复杂、作业空间与场地要求大、场内转移作业位置灵活性差，一般适用于 14m 以上的作业空间宽敞的带电作业工况。且为保证整车绝缘良好，每年都需巨额维护费及试验费。目前带电作业，主要依靠作业人员配置绝缘工器具进行作业，不仅耗费人力，增加了作业人员安全隐患，部分作业场地受限高、限宽条件，导致斗臂车无法到达作业现场，而绝缘脚手架和绝缘平台安装复杂，面对同杆塔高低压并架情况依然无法作业。此外，每年的带电作业工器具试验费用与绝缘用具损耗也是一笔巨大的开支。

为此，本项目研制出一种无人机搭载机器人带电接引装置。

二、创新点

无人机搭载机器人带电接引装置创造性地将载重无人机、绝缘电动起吊架、带电接引机器人引入配电带电作业中，用无人机吊装起吊架飞跃障碍物地形，并将起吊架放置在导线上，遥控起吊架通过绝缘绳索将接引机器人起吊至导线，并通过远程遥控接引机器人利用机械臂紧固线夹完成接火，该装置具有工作范围大、机动灵活、作业成本低等特点。

无人机吊装绝缘起吊架如图1所示。

图1　无人机吊装绝缘起吊架

三、应用效果

根据国网秦皇岛供电公司统计数据，2018年辖区开展10kV配网不停电作业共计4540次，减少停电户数约为38.67万小时·户，不停电作业化率为83.78%，多供电量370.50万kWh，因地形等因素限制无法带电接引而进行的停电作业共计700余次，造成直接及间接停电损失约800万元。预计配置该装置，全年可直接增加带电作业600余次，多供电量49万kWh，减少停电时户数5.11万小时·户。

对比斗臂车作业，采用接引装置的作业时间和强度各减少60%和80%；对比绝缘杆作业，作业时间和强度各减少40%和90%。绝缘毯、绝缘手套等高价值易损用具损耗率降低30%，大大减少了检修花费的人工费用和装备费用，节省了大量的运维成本、人力成本，大幅度提高了工作效率，有效减少了事故发生概率。

接引装置完成接引的情况如图2所示。绝缘吊装架起吊接引机器人装置如图3所示。

图 2　接引装置完成接引　　　　　图 3　绝缘吊装架起吊接引机器人装置

四、推广前景

在社会效益方面，本成果可以为配电带电作业提供更多的可能性，大幅度增加带电作业范围，更加有效地、持续地调配电力资源，使得电网资源利用率最大化。同时，带电接引的顺利实施也保障了配电网的安全运行，为社会发展提供安全、可靠、可持续的电力供应。

在市场前景方面，随着国民经济的发展和人民生活质量的不断提高，社会对供电稳定性、可靠性的要求也越来越高，因此电网公司要求在配电线路上开展工作务必遵守"能带不停"的原则，尽可能以带电作业形式进行，提高供电的稳定性和可靠性。而业扩工程在近几年也呈现大幅上升趋势，故各地供电公司对该产品均有巨大的需求。

一种新型防跨步电压触电报警及保护装置

国网唐山供电公司　　于海峰　李　征　顾剑锋

一、研制背景

10kV 配电线路分布范围较广，运行环境相对复杂，当遭受雷击、暴雨等恶劣天气时，架空线路出现导线掉落在大地上，导线经树木接地，电线杆的绝缘子击穿、雷击，地下电缆发生接地故障时，会在故障点附近产生很高的跨步电压。一旦人误走近电势区域会在两脚之间产生电势差，发生跨步电压触电事故，轻则烧伤皮肤、器官等，留下伤痕，情况严重时过大的电流会造成生命危险。2003 年某村村民发现水泥电线杆附近有一根导线掉在地面上，村民好奇地走到导线落地处观看，结果当场触电身亡，跨步电压对人体造成了较大的伤害。

在国网唐山供电公司管辖的变电站内安装多盏路灯等照明灯具，一些老旧路灯存在漏电现象，造成漏电的原因有电缆绝缘老化、灯具部件损坏、接线端子烧损等。近些年市政路灯漏电而致人身伤亡事故频频发生，路灯漏电成为跨步电压触电危险源。如何有效防止配电线路和变电站内路灯漏电事故的发生，已成为电网安全运行急需解决的问题之一。

传统的防触电防护措施是装设过电流保护和漏电保护等，存在可靠性低、成本高等缺点，效果不是很理想。亟需研制一种新型智能防跨步电压触电报警装置，具备漏电实时检测、智能声光报警、可连接线路或设备保护装置等功能。

新型防跨步电压触电报警及保护装置样机如图 1 所示。

图 1　新型防跨步电压触电报警及保护装置样机

二、创新点

本项目研制的新型防跨步电压触电报警及保护装置由接地极、整流稳压模块、直流继电器、太阳能电池板、直流稳压模块、12V 充电电池、声光报警器、直流接触器等部分组成。新型防跨步电压触电报警及保护装置的基本原理如图 2 所示。将接地极布置在电杆附近，当发生线路故障、电杆周围有跨步电压产生时，两接地极间就会产生一定的电压降 U_1，经整流稳压模块后变为 0 ~10V 直流电压 U_2，当 U_2 达到继电器线圈动作电压 5V 时会使继电器的动合触点 K1 闭合，声光报警器发出报警信号，提示电力杆塔周围有电，请人员远离，并为运维人员查找故障点提供线索。同时继电器的动断触点 K2 闭合，接触器的线圈断电，接触器动作，接触器动合触点 K3 断开，发出线路跳闸动作信号。装置的电源采用直流 12V 太阳能专用电池，充放电循环次数高。利用单晶太阳能电池板获得 12~20V 电源，经直流稳压模块后，给电池充电。

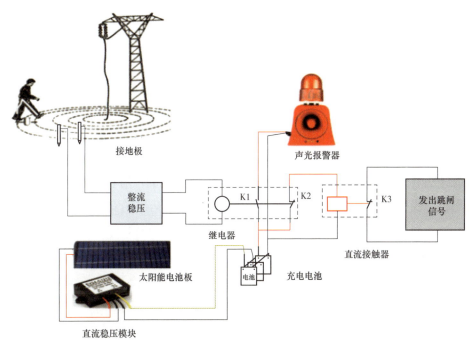

图 2　新型防跨步电压触电报警及保护装置原理

该装置创新点如下：

（1）漏电警示效果好，可靠性高，能够有效防止运维人员（或行人）误入带电杆塔周围跨步电压伤人区域。

（2）装置检测到漏电后能发出跳闸信号，声光报警及保护装置能够帮助运维人员迅速发现故障设备位置，及时处置漏电危险点。

（3）采用新型五栅格太阳能清洁电源，在弱光条件下也能发电，光电转化效率高，节能环保。

三、应用效果

本项目研制的新型电压触电报警及保护装置的测量电路原理简单，采用工业级元器件，电路安全可靠，能获得更高的防触电预警正确率，加快了防触电预警速度。声光报警器采用120dB警示音＋红色频闪警示灯，对人员的警示非常明显。当装置检测到电力杆塔杆或路灯杆附近有跨步电压时，立即发出明显的声光警报，及时警示人员不能靠近漏电地区，同时能为电力杆塔巡视维修人员及时发现故障电气设备提供依据。该装置能够迅速向配电线路或电气设备的保护装置发出跳闸信号，为运维人员和调度人员处理故障线路提供依据。

2017年5月~2020年5月，在国网唐山供电公司所辖14条10kV架空配电线路的260基电力杆塔杆和多个变电站内120盏路灯杆安装使用该防跨步电压触电报警及保护装置。安装防跨步电压触电报警及保护装置后，未发生跨步电压造成人员触电事故，报警器可靠动作15次，有效避免了由于电力杆塔和路灯杆周围的跨步电压造成的触电事故。

四、推广前景

防跨步电压触电报警及保护装置结构简单、安装方便、安全可靠，在电气设备和市政设施防漏电领域具有很好的推广应用前景。一方面可以广泛应用于10kV及以下电压等级户外电气设备上，如靠近居民区的10kV架空线路的杆塔和变电站内室外电气设备，能够与线路或设备的保护装置连接，提高电气设备运维的安全防护能力和管理水平；另一方面可以应用于存在漏电隐患的市政设施中，如路灯杆、交通信号灯杆和户外广告牌等，避免发生市政设施漏电造成路人伤亡事故的发生，保护人民财产安全。

电缆中间接头防爆盒

国网唐山供电公司　董　杰　苗　辉　高　岭

一、研制背景

电缆中间接头在现场安装完成后，因受环境影响，不可避免地因潮气侵入、机械应力等因素导致绝缘遭受损坏，造成电缆中间接头击穿故障。隧道空间狭窄、电缆排布密集，一旦波及其他电缆，将造成大面积停电事故，给整个电力系统造成不可挽回的损失，严重影响供电可靠性。

针对这个问题，运行单位常用的保护措施是使用电缆中间接头防爆盒，具有防火、防水、防爆作用，对电缆中间接头进行全方位防护。在电缆防爆盒的保护下可以对周边其他电缆进行有效的保护，防止二次伤害的发生。为此，国网唐山供电公司针对工作中遇到实际问题，采取有效措施优化电缆中间接头结构设计，研制并应用了一种使用效果良好的电缆中间接头防爆盒。

二、创新点

（1）阻燃效果优异。为有效检查防爆盒阻燃能力，对两款产品进行燃烧试验，同时加热5min，且火焰大小相同，阻燃效果对比如图1所示。

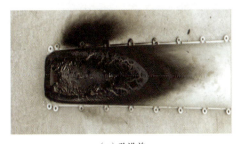

（a）改进前　　　　　　　　　　　　　　　（b）改进后

图1　阻燃效果对比

其他产品防爆盒明显变形塌陷，且燃烧过程中有助燃现象；本项目研制的防爆盒表面经过灼烧后表面炭化，能够有效阻止燃烧。

（2）填充效果优异。电缆中间接头防爆盒在使用时经常在盒内填充阻燃沙等，为检查产品填充效果，对两种产品进行填充试验，如图2所示。

（a）其他品牌填充阻燃沙　　　　　　　（b）其他品牌填充阻燃沙效果

（c）本项目防爆盒阻燃沙　　　　　　　（d）本项目防爆盒阻燃沙效果

图2　填充效果对比

其他品牌灌入防火沙无法充分填充，起不到有效的防火效果；本项目研制的防爆盒防火沙填充均匀，能够有效起到防火效果。

（3）安装方便快捷。其他品牌防爆壳产品安装需用32个螺栓固定，由于电缆中间接头所处环境恶劣，时间长了容易生锈。而本项目研制的防爆盒强度和阻燃性能优越、采用内部加强筋、插拔紧固销、四孔设计，安装方便，密封性好，利于填充。安装效果对比如图3所示。

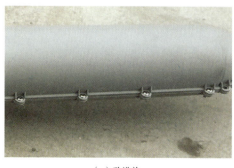

（a）改进前　　　　　　　　　　　　　（b）改进后

图3　安装效果对比

三、应用效果

10kV 电力电缆中间接头防爆盒成功研制，有效解决了国网唐山供电公司电缆运维工作中实际问题，减少了电缆中间接头燃烧后造成的损失。以国网唐山供电公司每年发生 30 次中间接头故障为例，每次只损失故障电缆中间接头，避免引燃其他中间接头 3 个为例计算，节约费用 =2000×30×3=18（万元）。

截至目前，国网唐山供电公司对隧道内 10kV 电缆中间接着加装防爆盒 258 个，现场安装照片如图 4 所示，运行至今未发生因 10kV 电缆中间接头故障引燃其他电缆造成的停电事故。

图 4　电缆中间接头防爆盒现场安装应用

四、推广前景

10kV 电缆中间接头防爆盒有效提升了电缆安装工作效率，减小了故障电缆中间接头故障造成的损失现象，提高了工作效率，极大促进了国家电网公司良好企业形象的树立，社会效益十分显著。该装置可推广应用于电缆的安装与运行维护。

电缆沟开挖车

国网秦皇岛供电公司　　田春平　王金友　王慧君

一、研制背景

电缆线路具有以下优点：占地少，不占用地上空间，不受地面建筑物影响；地下隐患隐蔽敷设，人们不易触及，安全性好；供电可靠性高，风雪、雷电、鸟害对电缆的危害小；可跨越河流，可水下敷设；有利于美化城市等。因此其用量也逐渐增多。

电缆线路主要敷设于电缆沟内，因此电缆沟的开挖也就成为施工中的重要部分。人工开挖主要存在成本高、投资大、施工效率低、安全系数低等诸多问题；钩机开挖存在速度慢、操作空间大等问题。因此，研制一种刀盘和具有该刀盘的电缆沟开挖机，能够有效节约人力物力，减轻工人的劳动程度，对施工的安全也能起到保障作用，已成为亟须解决的技术问题。

本项目对设备结构、原理、操作性、实用性等诸多方面入手，经过构思、绘图、研发、试验、改进、生产等一系列过程，终于研制成功了这款电缆沟开挖车。电缆沟开挖车实物如图1所示。

图1　电缆沟开挖车实物

二、创新点

本成果的目的在于提供一种刀盘和具有该刀盘的挖沟机，以解决现有的人工开挖施工效率低、安全系数低的技术问题。

刀盘包括圆柱形的盘体和设于盘体中心的轮毂，轮毂与盘体之间设有支撑部件；盘体的圆柱形的外表面上设有多个刀齿，刀齿相对于盘体径向平面倾斜设置。其中，刀齿与盘体径向平面的夹角在 5°~30° 之间。此种设置，能够保证刀齿在进行挖沟操作的同时将挖出的泥土甩向电缆沟的侧边，即被挖出的泥土不会又落入电缆沟内。刀齿为分体结构，包括刀座与齿尖，刀座与盘体焊接，齿尖与刀座可拆卸连接。此种设置，能够根据不同的施工环境，选取更适宜的刀齿，即刀齿可拆卸，利于更换。盘体为一端开口的空心圆柱，通过减轻盘体的质量来实现其高速旋转，便于挖沟操作。

为了保护环境，防止挖沟时产生的泥土胡乱飞扬，挖沟机中还可以包括挡土罩，该挡土罩可以与车桥固定连接，且罩设于刀盘上，从而通过挡土罩防止挖沟时产生泥土胡乱飞扬，进而起到保护环境的作用。

三、应用效果

本项目研制的挖沟机中设置的刀盘已获得国家实用新型专利，由于刀盘不仅能够有效节约人力物力，减轻工人的劳动程度，提高施工效率，并且对施工的安全系数也能起到良好的保障作用。

本项目研制的挖沟机施工效率比钩机施工提高数十倍，在开挖时只需一名操作员控制手柄，即可保质保量完成电缆沟开挖工作，实用性强。

电缆沟开挖车应用现场如图 2 所示。

图 2　电缆沟开挖车应用现场

四、推广前景

电力施工过程中电缆沟开挖是一项基础分项分部工程，在城镇电力工程施工中经常会遇到，以往施工主要靠人力，既浪费了大量的人力物力，消耗的时间也比较长，所挖的电缆沟也不规范，应用电缆开挖车提高了施工效率，降低了施工风险，减少了安全隐患，开挖的电缆沟更加规范。

对电缆沟开挖车进行改进后，可以应用到电缆铺设、水管管道工程、农田灌溉工程等其他领域，目前成果已经在秦皇岛市周边开始应用，电缆沟开挖的安全系数、工作效率得到了大幅提升。

本成果实用性强，安全高效，具有较强的推广价值。本成果在市场上没有类似产品，加之产品物美价廉，具有较大的市场空间。

引线固定装置

国网承德供电公司　　何旭满　胥　莹

一、研制背景

随着经济的发展，国民经济各部门，包括人民生活用电，都提出了连续性和可靠性供电的要求，开展配网带电作业是满足这些要求的根本方法。在配网带电作业过程中，经常会有带电断、接引线的工作，以往大多数情况都是将拆卸的引线悬空放置，存在严重的安全隐患。

（1）易导致相间短路。在有风的时候，悬空放置的引线易碰到邻相的引线，造成相间短路，如图1所示。

（2）造成感应电。已经接入线路可能对其余未接通相造成感应电，且作业人员再继续接下来的工作时会受到干扰，也有触碰导线的安全隐患。

（3）操作困难。在使用绝缘手套作业法带电断、接引线时，作业人员在作业过程中需时刻警惕避开悬置空中的引线（见图2），给作业增加了难度。

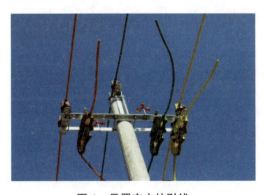

图1　悬置空中的引线

图2　避开悬置空中的引线

针对以上这些工作中容易发生的安全问题，本项目研制出引线固定装置，主要研究目的是解决和排除安全隐患，让作业人员快速、简捷地完成带电断、接引线工作，有效地解决了操作困难等问题，消除了感应电、相间短路的安全隐患，降低了劳动强度，提高了工作效率，避免了人身伤害的安全事故，保证了线路的安全稳定运行。

二、创新点

引线固定装置将一小截大于 0.6m 的绝缘杆的两端安装上类似于钳子的塑料夹手，一端夹住主线，另一端夹住引线，实现固定引线的目的，并且夹钳可在绝缘杆上移动，实现自由调整线间距离以便安装线夹的目的。引线固定装置实物如图 3 所示。该装置已通过相应资质单位的绝缘试验，检测报告如图 4 所示。在使用时，先直接用装置一端的夹钳夹住主线，然后用另一个夹钳夹住悬置空中的引线，并将带有引线的夹钳移动到规定线间距离的位置，操作过程如图 5 所示。

图 3　引线固定装置实物

图 4　检测报告

（a）步骤 1

（b）步骤 2

（c）步骤 3

图 5　操作过程

引线固定装置有以下创新点：

（1）小巧轻便，便于携带；

（2）绝缘性能好，符合安规要求，安全可靠性高，有效消除了感应电、相间短路的安全隐患；

（3）操作简单，降低了作业人员的劳动强度，缩短了作业时间，提高了作业效率；

（4）易于制作，成本低。

三、应用效果

本成果已应用于国网承德供电公司市区及 8 个县域带电作业工作中，应用于配网带电作业断、接引项目中，有效解决了操作困难等问题，消除了造成感应电、相间短路的安全隐患，对企业生产运行产生了积极影响，有效地保证了供电可靠性。

本成果的应用大大降低了工作人员的劳动强度，缩短了作业时间，大大提高了安全作业效率，大大降低了电网运营成本，提高了电网运检效率效益，提升了公司的优质服务水平，达到了经济效益和社会效益双赢的局面。

本成果在全国配网带电作业行业中首次使用，并获得国家知识产权局颁发的实用新型专利 1 项，专利授权通知如图 6 所示。

图 6 引线固定装置专利授权通知

四、推广前景

全国各个地区的配网带电作业过程中都存在着同样的安全问题，本成果加工成本低、携带方便，操作简单，符合安规要求，安全可靠性强，有很高的安全保障，可应用于配网带电断、接引线项目中，因此可以成为配网不停电作业班组的必备工具。并且本成果具有良好的通用性，产生的经济效益和社会效益显著，可应用于不同行业，推广价值高，可操作性、可推广性和可复制性强，可在公司及以外范围内使用。

10kV 架空线路警示牌及安装工具

国网廊坊供电公司　　　白庆永　白晶晶　杨国鹏

一、研制背景

产权属于用户的 10kV 架空裸导线线路被车辆剐碰是造成多条线路频发跳闸的重要原因之一。尽管国网廊坊供电公司对产权属于供电单位的 10kV 架空线路采取导线逐步绝缘化等多种措施减少自然灾害，但产权属于用户的裸导线线路没有绝缘化，难以实现绝缘包裹，经常发生因偷放垃圾车辆及高大运土车辆剐碰上述线路造成的线路跳闸事故，有些剐碰车辆很快逃离现场，查找起来有一定难度。

某 10kV 线路南外环 2 号分接箱 212–45 史务村路架空线路被废品站装好垃圾的车辆剐碰，推车的 6 人同时被电击成重伤住院。原因是垃圾运输车超高造成。车辆碰剐高压线路，也会给司机带来生命危险。

在研制新工具之前，市场上仅有防止夜间车辆剐碰 10kV 架空导线的垂直导线型夜光警示牌，没有平行导线型架空线警示牌。当架空导线与道路（河流）接近异面垂直时，如果安装垂直导线型警示牌，行进中的过往车辆司机会看不清与之正面相对的安全警示和架空线路，线路和人身安全就得不到有效保护。

使用传统警示牌时发现存在以下缺陷：一是零件在运输中易丢失，无法自备，运到现场安装前发现缺少零件时无法施工；二是警示牌冬季常常出现自脱落现象；三是安装工具与供电单位使用的绝缘杆不匹配，造成操作时间长；四是当警示牌需要移到别处使用时，没有带电拆卸工具。

综上所述，本项目研制出 10kV 架空线路警示牌及安装工具，实物如图 1 所示。

（a）与导线垂直型　　　　　　（b）与导线水平型

图 1　10kV 架空线路警示牌及安装工具

二、创新点

（1）突破性。有效解决了与道路（河流）接近异面垂直的架空线路安装警示牌遇到的难题，保护了线路和人身安全。

（2）耐用性。有效解决了以往架空线路警示牌由于自重原因寒冷天气容易自脱落的难题，提高了警示牌利用率。

（3）兼容性。新型架空线路警示牌装卸工具，既能安装警示牌也能拆卸警示牌。与以往厂家工具相比，具有兼容特点。

（4）经济性。新型警示牌零售价不足 40 元，仅为传统型警示牌零售价的 20%。

（5）灵活性。发明的绝缘杆螺距变换装置，解决了不同厂家绝缘杆螺距不匹配无法组合使用的难题，满足了现场使用绝缘杆安装警示牌、修剪树枝、倒闸操作需要，弥补了现有工具的不足。

（6）安全性。以前的安装工具只是把警示牌放在卡槽内上举后安装，警示牌上举过程中容易脱落，当落在线路附近的房顶上时很难取下来，影响安装进度，容易出现浪费现象。新安装工具通过卡槽和三个弹簧固定警示牌，警示牌在上举过程中相对稳定，不容易脱落，也不影响安装。

三、应用效果

（1）社会效益。架空线路警示牌及安装工具研制成功以来，安装警示牌的架空裸导线被车辆刮碰故障率为零，安装警示牌的绝缘导线被车辆刮碰故障率为零。解决了从前不同厂家绝缘杆因螺距不统一带来的不能组合使用问题，实现了检修车上不同厂家绝缘杆的高效利用。

本成果对初学者来说，简单易懂、易学会。2017 年 10~11 月，新工具作为国网技术学院电网检修部的实景教具，用于新入职员工的安装警示牌操作技术培训。学员普遍反映，工具使用操作过程简单、容易掌握，易于推广。

（2）经济效益。以每条线路平均每年减少停电 1.5h、每条线路有 57 台变压器、每台变压器有功容量 369kW、电价 0.70 元 /kWh 计算，每年廊坊市区因停电损失售电量为 470.09 万 kWh，实现节支额为 329.06 万元。以每年每条线路减少检修费 0.31 万元计算，实现检修费节支为 46.19 万元。累计节支总额为 375.25 万元。

（3）适用范围。本成果适用于 0.4~10kV 线路。10kV 架空线路警示牌及安装工具的应用如图 2~图 4 所示。

图 2　10kV 架空线路警示牌及安装工具应用图（垂直型）　　图 3　10kV 架空线路警示牌及安装工具应用图（水平型）　　图 4　10kV 架空线路警示牌及安装工具应用现场

四、推广前景

在研制新工具之前，常见的 10kV 架空导线警示牌仅有相序牌、垂直导线型夜光警示牌，垂直导线型夜光警示牌直接沿用了相序牌的塑料挂钩结构，相序牌体积较小，垂直导线型夜光警示牌是相序牌的 5~6 倍。因此，以往的垂直导线型夜光警示牌自重大，受现场风力影响大，容易在寒冷天气出现自脱落现象。新研制的垂直导线型警示牌将塑料挂钩设计为结构不同的金属挂钩，解决了原有警示牌自脱落难题，适应现场保线路和保人身安全需求，具有广泛的推广应用前景。

本项目成果发表论文 1 篇；分别于 2020 年 3 月 17 日和 2020 年 4 月 24 日，取得两项国家实用新型专利证书（专利号：ZL201920425986.5、ZL201920425990.1）。

箱式变压器遥控操作开关分合闸装置

国网新源张家口风光储示范电站有限公司　刁　嘉　王　海　曹俊磊

一、研制背景

国网新源张家口风光储示范电站有限公司（简称风光储公司）是目前世界上规模较大、综合利用水平较高的集风力发电、光伏发电、储能系统、智能输电"四位一体"的新能源综合示范项目。

风光储公司负责运维的风机、光伏箱式变压器总计 281 台，箱式变压器内断路器、隔离开关等部件是重要的元器件，其运维管理始终是重点工作。现有箱式变压器内断路器、隔离开关分合闸操作均不能远程控制，操作时需人员到现场就地进行手动操作。因风光储公司示范性工程的需要，使用的箱式变压器种类繁多，不同设备生产厂家所生产设备结构不同，设备运维检修标准存在一定的差异，同时因产品质量参差不齐以及设备的不可控因素，操作人员在就地操作开关分合闸的过程中，存在威胁人身安全的隐患。

箱式变压器需停送电时，由运行人员前往现场进行就地分合闸操作。这种传统操作方法人员必须近距离接触设备进行操作，设备一旦发生故障极易威胁到操作人员的人身安全，因此公司提出要实现远距离操作开关分合闸，全面保证人身安全，需要一种全新的自动化操作装置代替传统人工作业方式，以减少人身伤亡。

本项目研制的箱式变压器遥控操作开关分合闸装置实物如图 1 所示。

图 1　箱式变压器遥控操作开关分合闸装置实物

二、创新点

本项目研制的箱式变压器遥控操作开关分合闸装置大体可以分为六个部分，如图2所示。

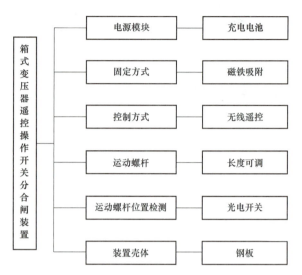

图2　箱式变压器遥控操作开关分合闸装置的组成部分

下面介绍该装置主要原理。采用锂离子可充电电池作为装置内螺杆直流电动机电源，利用无线遥控器给控制板下达指令，控制电动机启停，电动机运行带动运动螺杆向前运动触发开关分合闸按钮，实现分合闸。运动螺杆作循环往复运动，一次循环后电动机停止，此项功能通过光电开关检测运动螺杆位置来控制电动机实现。同时为了适应多类型设备，运动螺杆前端加装了长度可调的螺栓，来保证应用于不同设备时均能可靠操作，不至于因螺杆过长压坏分合闸按钮或者螺杆过短不能有效触发分合闸按钮。装置整体外壳采用钢板制作，一端利用强力磁铁吸附固定在所需操作的柜体上，安装完毕后人员可以利用无线遥控站在距设备20m外的距离进行操作，即使操作过程设备发生不可预测的故障，伤害到操作人员的概率极小，几乎为零，从而保证了操作人员的生命安全。

该装置具有以下创新点：

（1）本装置利用机械运动螺杆分合闸，技术全面，实用性强。

（2）本装置采用机械运动螺杆代替人在20m的距离外可靠操作开关分合闸，充分保证了操作人员的人身安全，实现了预期目标。

（3）运动螺杆触发按钮端部采用长度可调设计，保证了装置可适用于不同类型设备，应用面较广。

三、应用效果

风光储公司在 2019 年全站停电检修期间，对风机、光伏箱式变压器进行停送电时使用了箱式变压器遥控操作开关分合闸装置进行操作，并对相关数据进行了记录，从中随机抽取 15 台操作数据进行统计分析，见表 1。

表 1　箱式变压器遥控操作开关分合闸装置使用情况

序号	作业地点	作业项目	分合情况	操作距离（m）
1	小东梁风电场 F001	低压断路器、高压断路器分合闸	正常	23
2	小东梁风电场 F002	低压断路器、高压断路器分合闸	正常	21
3	小东梁风电场 F003	低压断路器、高压断路器分合闸	正常	20
4	小东梁风电场 F005	低压断路器、高压断路器分合闸	正常	25
5	小东梁风电场 F006	低压断路器、高压断路器分合闸	正常	23
6	小东梁风电场 F007	低压断路器、高压断路器分合闸	正常	21
7	孟家梁风电场 F028	低压断路器、高压断路器分合闸	正常	22
8	孟家梁风电场 F029	低压断路器、高压断路器分合闸	正常	25
9	孟家梁风电场 F030	低压断路器、高压断路器分合闸	正常	23
10	孟家梁风电场 F031	低压断路器、高压断路器分合闸	正常	24
11	孟家梁风电场 F032	低压断路器、高压断路器分合闸	正常	20
12	孟家梁风电场 F033	低压断路器、高压断路器分合闸	正常	26
13	孟家梁风电场 F034	低压断路器、高压断路器分合闸	正常	21
14	张尚风电场 F045	低压断路器、高压断路器分合闸	正常	25
15	张尚风电场 F046	低压断路器、高压断路器分合闸	正常	23

从以上数据分析可以得知，在抽取的作业中，使用箱式变压器遥控操作开关分合闸装置操作开关分合闸时，开关均能正确动作，正确率 100%，并且可以实现在 20m 外进行遥控操作，达到了预期目标，其直接作用是保证了操作人员人身安全。

四、推广前景

该装置研发成功后首先在风光储公司进行了推广应用，效果稳定。由于其体积小、质量轻、便携、可靠性高等优点，不仅可以在新能源场站进行应用，在其他未配置远方操作功能的开关上也可使用，可在电力行业进行全面推广使用。

变台引线卡具装置

国网张家口供电公司   魏爱民   徐长海

一、研制背景

根据国家电网典型变台设计要求，目前所使用的电杆高度增加，变台架构由原来通常采用的 10m 电杆变为了 12m 以上，10kV 线路导线也由原来的路 LGJ50 导线变为了 LGJ120 以上导线。

目前农村地区和专用变压器用户变台下引线一般在绝缘子上通过 180° 弯折或做 360° 回头接入高压跌落式熔断器上接点。引线若为绝缘线，在冬天气温较低时施工容易损伤绝缘层；若为裸铝线，导线材质很硬，施工人员在高空作业时很难折弯，而且做出的变台工艺不美观，绑扎很难让导线和绝缘子紧密接触，特别是施工人员体能消耗大，容易有高空坠落和手腕受伤等风险，严重影响施工进度和后期运行安全。尤其是冬季天气较冷，绝缘皮较硬，情况更加明显，给施工工作带来不必要的麻烦，影响施工进程和质量。鉴于以上原因，本项目在不改变安全质量的前提下，研发变台引线卡具。

变台引线卡具装置实物如图 1 所示。

图 1 变台引线卡具装置实物

二、创新点

（1）本成果完全改变了原有施工工艺存在的绝缘线弯折困难并且易损伤绝缘的问题。特别是降低了施工中的风险，变台保险架构距离地面 4.5m 以上，人员施工需要蹲在架构上或者盘坐于架构平面，在导线垂直下拉绑扎过程单人操作，很容易引发高空坠落。

（2）导线 120mm² 变台引线，单人弯折难度很大，P20 直拼瓶颈小，在绑扎过程中不易绑紧，在后期运行过程中容易松脱，特别是施工时对人员体能消耗巨大，而且极易导致施工人员手腕受伤。

（3）在施工中绑扎下引线需要把直瓶螺母先松脱再行绑扎，这样绑扎完会产生引线高度误差，长度不一致，导致施工工艺不合格，产生保险架构倾斜等缺陷。

本项目研制的变台引线卡具，减少了施工步骤，解决了引线弯折困难、不易操作的问题，减轻了弯折时对引线绝缘层的破坏，特别是解决了因杆塔增高，垂直下引线因为导线增粗无法将引线竖直紧固的难题，同时降低了施工难度，提高了工作效率，为后期设备安全运行奠定了坚实基础。

三、应用效果

（1）安全质量效益。本成果完全改变了原有施工工艺存在的绝缘线弯折困难并且易损伤绝缘的问题，特别是降低了施工中的风险。由于实行卡具弹性绝缘护套保护，提高了绝缘水平，易于后期检修作业人员现场进行相别辨识，有效提升了安全作业水平，保证了施工现场的全面安全。

（2）经济效益。应用卡具对引线固定的时间比传统的绑扎时间缩短了近1.5h，所以由于施工进行临时停电的时间也缩短了近1.5h。以狼山乡供电所管理的591线路为例，所增加的售电价钱：1248kWh（1.5h售电量）×0.54元/kWh（售电均价）=648.96元。假设一名技工一小时工时费为400元（一天工时费）/8h（工作时间）=50元/h，可节省费用为50元/h×1.5h（节省时间）=75元。因此就多名技工、多座变台施工而言，所节省的费用和增加的售电量相当可观。

（3）社会效益。本成果适用范围广、安全效应高、价格成本低廉、安装工艺简单，克服了原有安装方式存在的易脱落、易引发相间短路、弧光放电引发火灾、人员施工易受伤害等诸多隐患缺陷，增加了变台设备供电可靠性，提升了企业优质服务水平，树立了良好的企业形象。

变台引线卡具装置现场应用照片如图2所示。

图2 变台引线卡具装置现场应用照片

四、推广前景

本成果适用于国内目前建设和使用的所有变台架构，更适合于国家电网典型设计变台架构，本成果不受海拔、气候、地理环境等因素影响，特别是高海拔、年平均大风天、雨雪较为严重的新疆、内蒙古、云贵高原等地区尤为适用。

第三部分

变电专业

Part 3

一种智能化二次安全措施工器具箱

国网唐山供电公司　　王　伟　李柄君　钱茂月

一、研制背景

变电站二次设备精细复杂，在二次检修工作中一旦出现误碰、误入运行间隔等失误，会造成重大损失，因此二次工作前后的安全措施的布置和恢复十分重要，由于安全措施的布置工作繁琐且工作量较大，容易出现失误，严重时甚至可能威胁电网的安全运行。目前，唐山地区的变电站内缺乏二次设备检修专用的安全措施工器具。

通过对 2019 年春检预试期间二次设备安全措施的实施情况进行全面的调查、记录，总结问题如下：

（1）设备检修时，周围运行中的保护屏和同一屏上的运行装置、空气断路器、压板等部分需要被标记，防止工作人员误动运行设备。目前采取的方式是用"运行中"布幔遮蔽这些部位。

（2）二次检修工作中，拆除下来的二次线头和退出的压板需要进行有效的防护，防止误动。目前采取的措施是胶带缠绕或干脆悬空处理，效率低下、防护效果不佳。

（3）在二次检修工作的大型现场，需要布置的安全措施较多，且多为容易忽略的项目。目前采取的方法是安全措施票，依次恢复逐项打勾，但若恢复人员注意力不集中，出现了失误，很容易引起保护误动，造成设备损坏。

二、创新点

本项目研制一种智能化二次安全措施工器具箱，包含二次安全措施工具、二次安全措施工具箱主体和提示电路。其中二次安全措施工具全部为绝缘材料构成；二次安全措施工具箱主体由备件箱、喇叭电池盒、防护罩位、端子排防护罩支架位、空气断路器防误操作防护罩位和空气断路器防误操作防护罩支架位组成，备件箱设置在二次安全措施工具箱主体的箱盖位置；提示电路由 LED（发光二极管）提示灯、喇叭、语音提示芯片、电池、按钮开关和光感开关组成，LED 提示灯安装在二次安全措施工具箱主体的箱体面板上，喇叭、语音提示芯片和电池安装在二次安全措施工具箱主体的喇叭电池盒内。

一种智能化二次安全措施工器具箱如图 1 所示，工器具箱主体如图 2 所示。

图 1　一种智能化二次安全措施工器具箱

图 2　一种智能化二次安全措施工器具箱主体

本成果的创新点在于通过二次安全措施工具、二次安全措施工具箱主体和防误提示电路起到避免人工工作疏忽和重要事件遗漏的作用，其结构简单科学，省力安全，不会出现任何误操作，有效地提升了二次检修工作中安全措施布置和恢复的效率，并解决了在恢复安全措施时人工检查可能存在疏忽遗漏的问题。

本成果从根本上解决了二次检修工作中安全措施布置及恢复的繁琐操作，以及在恢复安全措施时可能存在疏忽遗漏的问题。

本成果专利申请及授权情况：

（1）一种保护压板防护罩，已获得专利授权（专利号：201920085470.0）。

（2）一种端子排防护罩结构，已获得专利授权（专利号：201920085468.3）。

（3）一种二次线芯防护罩，已获得专利授权（专利号：201920086150.7）。

（4）一种空开防误操作防护罩，已获得专利授权（专利号：201920085465X）。

（5）一种供电检修用二次安全措施工具箱，已获得专利授权，专利号（2018 21472312.2）。

三、应用效果

一种智能化二次安全措施工器具箱于2019年2月制作完成，并通过了国网唐山供电公司二次检修室专业验收。

一种智能化二次安全措施工器具箱应用现场如图3所示。

通过多次试验与现场操作，证明了本成果可以有效提高二次设备检修时安全措施的布置效率，降低安全措施布置时间，同时通过智能化提示手段结合安全措施票，可以将现场安全措施忘记恢复的可能降到最低。通过应用本成果，工作效率得到大幅度提升，降低了安全措施未恢复导致故障

图3 一种智能化二次安全措施工器具箱应用现场

的可能性，缩短了设备停电时间，保障了广大民众的用电时间，提升了公司的社会形象，具有较大的社会效益。

2019年3~12月共进行变压器保护校验工作162次，未使用本成果时布置及恢复安全措施平均耗时为80min，使用本成果后平均耗时为15min，累计节约工时（80–15）× 162÷60=175.5（h），极大地缩短了变压器设备停电检修时间，提高了工作效率。以一台变压器容量240MVA，正常负载70%，功率因数为0.9考虑，排除已具备双电源条件，不可以倒出去的负荷约占正常负载的30%，增供电量240×0.7×0.9×0.3 = 45.36（MW）。

四、推广前景

本成果可以广泛应用于二次设备的安全措施的布置场景，特别是在保护校验、电力改造等项目中，降低因安全措施布置或恢复不到位而引起的损失。

本成果制作成本低、操作简单、使用方便，大大减少了工作量，提高了工作效率，缩短了停电时间，提升了公司的社会形象，具有行业全面推广的重要意义。

变电站智能端子箱

国网唐山供电公司　　李　征　于海峰

一、研制背景

变电运维人员在巡视变电站端子箱的时候，需要逐一打开端子箱门，不仅浪费时间，而且多次操作会加速端子箱门锁的损坏。如果运维人员忘记关闭端子箱门，则有可能造成端子箱漏雨或者小动物入侵。尽管变电站巡检机器人在公司广泛推广应用，但是由于端子箱无法与巡检机器人配合操作，端子箱内部电气元器件成为巡检机器人的巡视盲区。常规变电站端子箱设计简单，除了温、湿度控制能达到足够的智能化之外，缺少漏雨监测、内部电气元器件发热监测、端子箱门自动开关和防小动物、与机器人配合实现自动巡检等功能。

目前国内外对上述问题均无深入研究，所以有必要加大智能化端子箱辅助功能的研究力度，为变电站的智能化发展提供重要参考和依据。

二、创新点

变电站智能端子箱采用了电致变色玻璃、次声波驱赶小动物技术、微波雷达传感器、气体传感器技术、漏雨检测传感器等先进成果和技术，将常规端子箱升级为智能端子箱。本成果的创新点如下：

（1）不用开门即可查看端子箱内部情况，可解决常规门把手容易卡滞、损坏的问题。将电致变色玻璃嵌在端子箱门上，玻璃通电时透明，断电时不透明，无须开门即可巡视箱内元器件，电致玻璃添加金属元素可防止电磁信号干扰。

（2）自动开关端子箱门。工作人员忘记关端子箱时，可自动关闭端子箱，防止雨水或者小动物进入端子箱。

（3）排风扇正常时起排风散热作用，端子箱门打开或者端子箱内进入小动物时，排风扇变频产生次声波驱赶小动物。

（4）与变电站智能巡检机械人配合进行巡检。利用自动开关端子箱门技术，实现对端子箱内部元器件智能巡检，消除巡检机器人对端子箱巡检的盲区。

（5）通过检测硫化物、碳化物等有害气体间接发现端子箱内部元器件发热情况。端子箱内元器件接头发热，会产生硫化物、碳化物气体，通过检测上述气体，可检测端子箱内部元器件发热情况。

（6）利用漏雨检测线和漏雨报警器监测端子箱漏雨情况。漏雨检测线布置在端子箱顶部四周，与漏雨报警器相配合，对端子箱漏雨情况进行监测。

变电站智能端子箱如图1所示。

图1 变电站智能端子箱

三、应用效果

变电站智能端子箱已在国网冀北公司全面推广应用，有效提高了变电运维人员的工作效率，消除了巡检机器人对端子箱内部的巡视盲区，可以有效防止因端子箱漏雨、内部发热和小动物造成的异常故障，利用钢化电致玻璃实现了不用打开端子箱门即可观察端子箱内部情况的功能，提升了智能运检水平。本成果已创造经济效益和减少经济损失1137.6万元。

本项目研制的变电站智能端子箱填补了变电站智能化设备的一项空白，已获得实用新型专利授权1项，申请实用新型专利6项、发明专利6项，撰写并被录用论文1篇。本成果的推广应用可以推动优质服务水平持续提升，切实提高电网安全运行水平和供电可靠性，为企业提供更好的营商环境，提升用户的获得电力感。

变电站智能端子箱应用现场如图2所示。

图 2　变电站智能端子箱应用现场

四、推广前景

变电站智能端子箱主要应用于室外变电站，解决传统端子箱不具备漏雨监测、内部电气元器件发热监测、端子箱门自动开关和主动防小动物等问题，并且能和变电站巡检机器人配合，通过加密交互定位技术自动开关端子箱门对端子箱内部进行巡视，消除巡检机器人盲区。预计仅在电力系统，传统端子箱改造和变电站新投可达到每年 3 亿~5 亿元的市场规模。本成果也可在工业企业中动力配电箱、动力控制箱、照明箱和通信行业的接线箱中推广应用。

直流电源模块化设计

国网张家口供电公司　　王　洪　于　磊　陈　帅

一、研制背景

随着国家电网公司"三通一标"和"两型一化"的建设方针的深入推进，模块化智能变电站得到长足发展，变电站站用一体化电源系统的更新跟进已成为必然。产品模块化即是将产品的某些要素组合在一起，构成一个具有特定功能的子系统，再将这个子系统作为通用性的模块与其他产品要素进行多种组合，构成新的系统。

对于直流空气断路器及周边电气元件来讲，主要存在以下几个问题：

（1）直流空气断路器周边元件多，安装繁琐。断路器、直流电流传感器、指示灯、辅报模块相对独立，体现在直流屏面板上"占面积"，体现在柜体内"占空间"，且均通过接线方式连接，相对繁琐。

（2）直流空气断路器和电流传感器维护不便。断路器、直流电流传感器失效后，现场更换困难。

（3）三段式断路器的宽度影响屏柜结构的整体紧凑性。

为了解决上述问题，本项目研制了一种组合式小型直流断路器，如图1所示。

二、创新点

（1）摒弃了多种离散电气元件的方式。采用组合式小型直流断路器方案，将直流空气断路器、辅助触头报警触头、负载指示灯、直流漏电流传感器、直流电流传感器等电气元件组合成为一个模块。

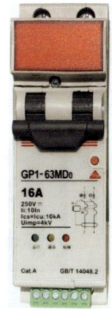

图1　组合式小型直流断路器

（2）传统三段式小型直流断路器，因延时电路板的安装，不得不在原来的两极 36mm 宽度基础上增加 9mm 的空间，结构紧凑性较差。现开发电磁式三段保护直流断路器，宽度仍为 36mm 宽度。

（3）采用安全型直流绝缘监测装置，有效防止了一点接地导致的保护误动作，同时对直流接地、交流窜入、两组互窜等故障可以有效监测和选线。安全型直流绝缘监测装置如图 2 所示。

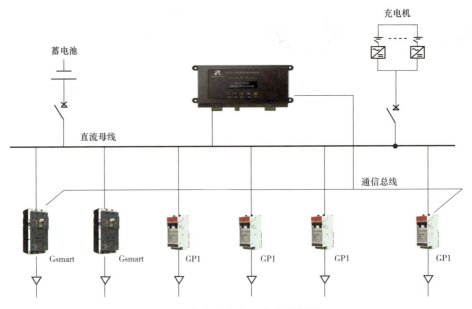

图 2　安全型直流绝缘监测装置

（4）开发了一种配电模块，采用模块化设计，包括保护开关、总导体、分导体、接线端子、绝缘罩、安装面板。其分导体能根据接线端口的需求进行位置的调整，接触稳定可靠，安装拆卸简便。馈线配电模块如图 3 所示。

图 3　馈线配电模块

三、应用效果

2019 年 8 月，组合式小型直流断路器模块化组合装置在柳树屯 110kV 变电站投入试运行。

（1）采用组合式小型直流断路器应用方案，解决了馈线柜凌乱复杂的问题。将直流空气断路器、辅助触头报警触头、负载指示灯、直流漏电流传感器、直流电流传感器等电气元件组合成为一个模块，摒弃了多种离散电气元件的方式，简化了接线和组屏安装过程，使得柜内接线简洁、明了，降低了误操作的概率及短路故障的概率。

（2）采用电磁式三段保护技术，提升了断路器动作的安全性和可靠性。解决了电子式三段保护因电路板失效带来的问题，提升了选择性保护的可靠性，提升了断路器的使用寿命，同时节约了柜体的面板空间。

（3）采用安全型直流绝缘监测装置，提升了运维班组处理故障的效率，节省了运维时间。

（4）采用模块化设计，结构简单可靠，制作工艺简便，缩短了直流屏的生产周期，省时省力，方便安装和维护，由于模块化，使得整流屏整体效果简洁美观，整体温升效果较好。

四、推广前景

本成果可以大幅度优化馈线屏的结构，简化组屏安装过程，从而降低了运行维护的故障风险，提升变电站直流电源的安全性与可靠性；整个系统的设计突出了积木式、模块化、集成化、小型化、智能化的理念，最终可实现工厂化调试、标准化设计、更换式检修、可视化运维，有效地降低了设备全寿命周期的管理成本；无论是设备制造商，还是使用单位的运行维护，均可大幅度的提升工作效率和安全性，因此本成果具有广阔的推广应用前景。

二次电压自动核相装置

国网秦皇岛供电公司　　　侯世昌　郭宏伟　崔鹏飞

一、研制背景

电压互感器电压的二次核相是电力系统维护人员经常性的操作。在变压器或者电压互感器完成安装或大修后，变动内外部接线或者接线组别后，电源线路或电缆接线发生变动或走向发生变化后，与合环或并列有关的电压二次回路检修时发生改动等情形下，都必须要核相试验，以确保不同电源点提供的二次电压的三相相序一致。目前，现场电压互感器二次核相时没有专用的测量装置，只是用数字式万用表进行核相，判断电压互感器二次接线是否正确。特殊情况下两个测量点之间距离相差很远，测量时需要借助很长的导线进行测量，且测量过程中需要测量大量的数据，包括每一组电压的相电压、线电压以及两组电压之间的比较电压。通常情况下，两组测量点侧应分别有测量人员、记录人员及监护人员，造成工作效率低，且人员分散不利于安全监督。对此，本项目研制了一种二次电压自动核相装置。

二、创新点

（1）本成果由多路电压检测及核相装置组成，可满足变电站电压互感器二次核相检测需求，具有检测准确、操作简便的优点。

（2）本成果可以实现多路二次电压测量及核相功能，解决了目前变电站二次核相的难题，减少了现场测量的工作量，提高了工作效率；减少了人为差错，提高了安全性能。

二次电压自动核相装置包括液晶面板和箱体，箱体上有两组接线插孔，箱体内有集成电路板，两组接线插孔分别包括 A 相插孔、B 相插孔、C 相插孔、L 插孔和零线插孔。其液晶面板如图 1 所示，接线端子如图 2 所示。

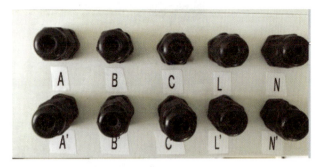

图 1　二次电压自动核相装置液晶面板　　　　图 2　二次电压自动核相装置接线端子

测试时，将两组电压的 A、B、C 三相及中性线（以及零序电压 L）通过测量导线插入核相装置的接线插孔上，然后通过触摸屏进行操作，将采集到的电压数据在单片机内进行计算，将电压数值及核相结果显示在液晶屏上。该装置还能够对数据进行分析，判断核相是否正确。

三、应用效果

本成果在秦皇岛新区变电站投运进行核相使用，并对新研制的二次电压自动核相装置进行试验。测量时间统计见表 1，可看出与传统方式相比明显提升了工作效率。

表 1　测量时间统计表

方案	工作地点	核相次数	测量时间	节省时间
传统方案	新区变电站	4 次	80min	68min
二次电压自动核相装置		4 次	12min	

人力资源统计见表 2，可以看出使用新装置仅需 2 人便可完成试验，比传统方案节省 1 人。如果是远距离的工作条件，传统工作需要 6 人完成，采用该装置 2 人即可，节省人力 4 人。

表 2　人力资源统计表

方案	工作地点	工作人员	节省人力
传统方案	（葛园）新区变电站	3（6）人	1（4）人
二次电压自动核相装置		2 人	

二次电压自动核相装置现场应用如图 3 所示。

图3　二次电压自动核相装置现场应用

四、推广前景

　　本成果通过触摸屏来控制多路二次电压的核相及测量功能，使用方便，现场作业时能够实现单人操作，解决了现有电压互感器二次核相过程中出现的工作人员众多、工作效率低、人员分散等难题。还可以通过专用的测量导线盘来连接不同地点的二次电压信号，实现变电站内远距离电压互感器二次侧的全自动测量核相工作。因此，本成果具有很高的推广价值。

有载调压开关吊检起吊专用设备

国网廊坊供电公司　　　王丙东　李贺桥　王浩轩

一、研制背景

变压器有载调压开关主要作用为：在变压器带负荷运行过程中，通过改变高压侧绕组分接位置来调整变压器低压侧电压水平。有载调压开关切换过程中变压器油起绝缘介质和熄灭电弧的作用，每次有载分接开关切换后变压器油可能产生分解物和游离碳，切换操作还将产生微量金属颗粒。这些杂质使油质劣化，降低有载分接开关的整体绝缘水平。当有载调压开关运行时间达到规定限值或者切换次数达到规定限值时，需要进行吊芯检查。

当前110kV有载调压开关吊检主要依靠人力，220kV有载调压开关吊检主要依靠吊车。依靠人力吊检时工作效率较低，而且工作安全性较差；依靠吊车吊检时，工作成本太高。因此需要研制有载调压开关吊检专用装置，以完成110kV和220kV有载调压开关吊检工作。

二、创新点

有载调压开关吊检起吊专用设备依靠电动机作为动力来源，依靠定滑轮工作原理，能够完成110kV和220kV有载调压开关吊检工作，能够有效提高工作效率和工作安全性。其具有如下创新点：

（1）通过挤压固定装置固定在变压器上部口沿上，能够应用于各种型号变压器，提高了装置的应用普遍性。

（2）装置底座部位具有转轴装置，这样工作人员在操作时能够灵活调整装置工作位置和方向，提高了装置的可操作性，只需要一个人在变压器顶部即可操作。

（3）装置采用铝合金制作，而且采用组装式结构，可以分开进行运输和移动，便于在变压器顶部进行组装。

三、应用效果

变压器有载调压开关吊检专用设备如图 1 所示，它主要完成变压器有载调压开关芯子吊检工作，主要包括四大部分：固定底座、转轴、电动机和支撑装置。

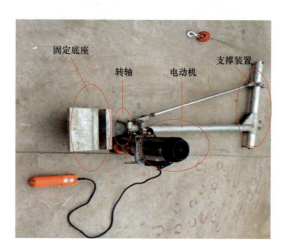

图 1　有载调压开关吊检起吊专用设备

有载调压开关吊检起吊专用设备于国网廊坊供电公司变压器有载调压开关芯子吊检工作现场进行测试，基本上满足了本项目研究初期总结提出的各项基本需求，尤其是在安全性、经济性、可操作性上得到极大提升，提高了工作效率。该设备每次只需要 1 人站在变压器顶部进行操作，必要时仅再增加 1 人协助操作；将其应用于有载调压开关芯子吊检过程中，所需要的平均工作时间为 15min；整体费用与使用时间综合计算，单独使用一次的耗费在 100 元以内，且提高了安全性。

四、推广前景

有载调压开关吊检起吊专用设备有效解决了目前有载调压开关吊检时存在的问题，可在有限作业空间下进行吊检作业，降低了检修人员工作强度，提升了工作效率，具有明显的经济效益和社会效益，具有一定的推广价值。

变电站抓握式起重机

北京送变电有限公司　　杨孝森　赵康伟　邬琦砚

一、研制背景

20 世纪 80 年代以来，我国开始将电网电压等级提升到 500kV，第一座 500kV 变电站建设至今已超过 30 年，随着经济发展，部分容量已不能满足负荷增长的要求，越来越多的变电站将进行设备改造。

由于 3/2 断路器接线简单清晰，运行可靠性高，目前我国多数交流 500kV 配电装置接线均采用此接线方式。早期 500kV 配电装置多数采用 SF_6 罐式双断口断路器或柱式双断口（或四断口）断路器、户外悬吊管型母线、断路器三列式布置（成串布置），少数采用间隔布置。500kV 进出线一般从配电装置各方向引出，间隔宽度为 27~28m。由于进出线从各方向引出，除了在进出线顺串 28m 高架进线，与其垂直方向在断路器上方有时还有 20m 高进出线。

20 世纪 80 年代后，由于设备质量、体积增加，重型汽车式起重机的使用较普遍。设备及构架安装通常采用汽车式起重机进行吊装，在特殊情况下采用履带式或轮胎式起重机和龙门吊及塔吊，施工方法日趋单一。上述吊装设备均需要较大的作业空间，在 500kV 及以下变电站扩建或改造时，采取上述设备安装柱式断路器、罐式断路器套管和母线下设备，须母线进线停电，有时需母线和主变压器同时停电，不利于电网的稳定运行。为了减少停电和陪停时间和次数，需研究制造专门起重和翻转的设备。

二、创新点

（1）采用抓握方式安装设备，减少起重作业空间。突破传统汽车式起重机、抱杆起重传统起重方式思维，直接采取抓握设备方式安装设备。

（2）对安装设备直接进行旋转，安装过程更加便捷。采用液压齿轮传动 360° 旋转装置，直接将设备旋转至任何角度，比传统方式更加简便，节约设备及人工。

（3）可直接抓握套管，免去工装制作及安装的繁琐步骤。通过抓手复合材料的表面处理，可直接抓握套管，减少了工装及工装安装的繁琐步骤。

（4）设置旋转头自调整功能，有效降低了套管表面压强。当抓握角度出现偏差时，由于存在压力差，旋转头会主动进行调整，保证抓头与套管平行，保证套管抓握安全。

三、应用效果

变电站抓握式起重机依据 500kV 及以下套管安装的实际工况进行设计，采用挖掘机行走装置、平台和双臂，专门设计一抓举头，能够抓握直径 560~720mm 的管状物，该设备能够在 500kV 运行变电站内进行安全作业，回转半径达到 8m，抓举高度 10m，抓举质量大于 3000kg。

变电站抓握式起重机如图 1 所示，抓握效果如图 2 所示。该设备已应用于承德东 500kV 变电站，可在有限作业空间下进行安装施工，减少了停电作业范围和作业时间，具有明显的经济效益和社会效益。

图 1　变电站抓握式起重机　　　　　　图 2　抓握效果图

四、推广前景

轻型抓举式起重机装置，能够进行 500kV 套管的抓握和旋转，满足罐式断路器安装要求，不会对套管造成损坏，具有一定的推广价值。

新型固定式驱鸟金具

国网冀北电力有限公司检修分公司　　李广渊　毕晨烁　高　令

一、研究背景

每年因鸟害引发的输电线路故障层出不穷；变电站也经常发现构架上有鸟巢，造成跳闸故障。鸟类对变电站的安全运行已经构成很大的威胁，如果没有及时采取有效措施，随时都有可能发生因鸟害引起的故障。

鸟类在变电站户外构支架上或变电站周围的树木上筑巢产卵、孵化，这些鸟口叼树枝、铁丝或杂草等物，在变电站上空往返飞行，口叼的杂物极易掉落在户外电气设备上，当杂物掉落位置正好减少了电气设备带电部位与接地部位的电气距离时，就可能引起设备的接地故障。变电站户外构支架，特别是钢结构的户外构支架，其结构（有较多的空隙）对鸟类筑巢十分方便，且构架高度较高，在开阔的庄稼地带更显突出，因而鸟类喜爱在该处筑巢。刮风下雨时，构支架上的鸟巢被风雨吹散掉落在电气设备上时，也容易引起设备的接地故障。

对于变电站而言，最重要的设备莫过于主变压器，但是在变电站特别是主变压器架构上方，往往存在一些大型鹊巢。筑巢初期，由于鹊巢小，不易为运行人员发现，喜鹊在筑巢过程中由于所衔树枝过大飞行姿态不稳时，会丢掉部分树枝，初期的鹊巢不成形，只有树枝底座，较小，不牢固，遇到大风时，会造成鹊巢的树枝脱落。由于变压器低压侧的相间距离较小，按照工业制造标准，变压器 35kV 套管的相间距离最小为 400mm，远小于鸟巢的树枝长度，故而不成形的初期鹊巢对于变压器的威胁甚大。

因此，研制出一种新型驱鸟金具是非常必要的。

二、创新点

（1）新型固定式驱鸟金具采用梯形结构，避免了防鸟刺可能带来的主变压器上方高空坠落金属物的危险，消除了防鸟钉对检修人员高空架构上行走造成的安全隐患。

（2）采用通风孔设计，大大减小了风压，提高了使用寿命。

（3）通过自设计的不锈钢 U 形固定金具进行固定，提高了连接强度，有效地防止了高空坠落。

新型固定式驱鸟金具实物如图 1 所示。

三、应用效果

新型固定式驱鸟器金具自 2017 年开始在冀北检修公司所属 30 座 500kV 变电站安装使用，于 2017 年 06 月全部安装完毕。在主变压器横梁上安装新型专用驱鸟金具，破坏了鸟类筑巢的起始点，有效地避免了鸟巢的形成，从而有效地降低了鸟类在主变压器附近飞行的概率，达到了防止鸟害引起的主变压器跳闸的目的。

新型固定式驱鸟金具现场应用照片如图 2 所示。

图 1　新型固定式驱鸟金具实物　　　　　图 2　新型固定式驱鸟金具现场应用照片

四、推广前景

新型固定式驱鸟器金具安装在鸟类筑巢点，有效地阻断了大型鸟类筑巢，引导鸟类远离变电设备，无公害，效能好。该驱鸟金具的应用，减少了驱鸟成本支出，取得了较好的经济效益，有效地消除了鸟害对变电站安全运行的影响，显著降低了巡视人员劳动强度，提高了变电站设备的安全健康运行水平，为所属地区主电网能够安全、可靠、稳定地运行提供了强有力地保障，具有很高的推广价值。

二次设备辅助调试装置

国网唐山供电公司　　　田新成　甘景福　王　伟

一、研制背景

随着变电站数量的增多和运行年限的增长，变电站计算机监控系统改造已经成为每年电力企业技术改造项目的例行工作。为最大限度地保证供电，停电改造时间需提前向社会发布，具有严格的时限性，且停电时间较短，尤其是 10kV 二次设备改造过程中，由于调试传动不到位造成缺陷查找时间过长而延迟送电的事件时有发生。改造期间可能遇到的问题较多且疑难问题处理时间长，二次检修人员和自动化运维人员因疲劳工作导致调试质量差，甚至发生安全事故；停电时间长易超过停电限时，导致用户投诉较多，影响优质服务。随着电网规模的不断扩大和用户对优质服务要求的提高，在停电改造中如果不按计划停送电，不仅会增加电网运行风险，也会带来严重的社会影响。如何在确保安全的前提下进行监控系统改造工作，又能加快速度，减少停电时间，保证电网安全稳定运行和增加用户满意度，这是亟待解决的问题。

基于以上问题，本项目设计了一种二次设备辅助调试装置，优化了二次设备调试传动流程。

二、创新点

（1）可在不停电前提下预先对待改造的保护、测控装置进行调试传动。

（2）设计了可拆卸的结构的转轴、可折叠伸缩结构的起重架、模拟和监视电路，使调试传动工作更为便捷，并能提供明确信号指示。

（3）缩短了调试时间，保证了优质服务。

（4）优化了二次设备调试传动流程，在计划停电前或准备工作开始时对待调试装置进行上电检查、参数配置、定值录入、保护校验以及与监控后台调试传动工作，这样各项参数、装置检查及定值录入、保护校验工作可以在停电前完成，改变了传统调试时先上架接线再调试的步骤，实现了提前工作和不同间隔接线及调试的并行工作。例如，对 10kV 间隔综合自动化系统，优化前的调试传动流程：先停电，然后进行保护测控装置上架及接线；装置上电检查、参数配置、定值录入；最后进行保护校验，"三遥"传动准备工作。优化主要工作量体现在保护测控装置接线以及调试工作，每个间隔改造时间长。

优化前调试传动流程如图1所示。

图1 优化前调试传动流程

优化后的调试传动流程如图2所示。与图1相比，停电后减少了四个关键步骤，降低了装置接线时间及与后台联调时间。在停电后二次检修人员（负责装置调试及传动）可以与厂家人员（负责装置接线上架及硬件缺陷处理）并行工作，提高了工作效率。

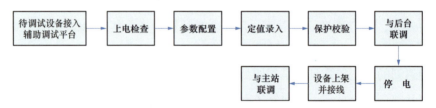

图2 优化后的调试传动流程

三、应用效果

（1）本成果缩短了改造过程中影响按时送电的关键环节的时间。

（2）将不同型号的保护测控装置固定在辅助调试装置上，在停电前进行模拟接线、校验传动，在保证维护安全的前提下，省去了定值输入时间，保证了定值正确率。

（3）利用辅助调试装置优化相应的调试传动方法，节省了保护测控装置地址及各项功能配置时间，提高了遥信准确率、遥测精度。

（4）采用辅助装置来完成电气二次设备调试，对调试传动过程发现的缺陷隐患能够及时处理，缩短了停电时间；能够排查装置配线是否虚接、是否正确，有效防止了二次系统误操作给系统带来的安全事故。

（5）降低了工作人员的工作强度，提高了工作效率，节省了调试传动时间，缩短了停电时间，保证了优质服务。

二次设备辅助调试装置实物如图3所示，现场应用照片如图4所示。

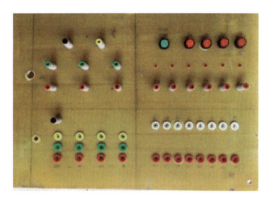

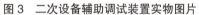

图3　二次设备辅助调试装置实物图片　　　　图4　二次设备辅助调试装置现场应用照片

四、推广前景

随着二次设备辅助调试装置的广泛应用，为改造过程中变电站的按时送电提供了保障，确保了变电站端和主站系统工作质量，改进了传统工序，在停电过程中能够使厂家安装接线人员与二次检修人员并行工作，进一步缩短了停电时间，提高了工作效率，确保了变电站改造中调控主站全过程维护的能控、可控、在控。本成果简化了二次检修人员操作步骤，提高了接线、调试及缺陷处理效率，减少了停电时间，为向客户提供优质服务提供了必要条件，经济和社会效益影响深远，具有较高的推广价值。

奥运智能保电专用柜

国网张家口供电公司　　庞乐乐　杨文勇　程占峰

一、研制背景

随着电网的规模日益庞大，电气设备量激增，给电气设备的故障抢修带来了更大的挑战。张家口市作为2022年冬奥会承办城市之一，对该区域电网稳定性提出了更高的要求。

经统计，变电站开关柜设备故障率达到48%，是目前抢修面临问题较多的设备。故障抢修工作中准备物品与现场不匹配的情况发生频繁，耽误了抢修时间，甚至导致故障范围扩大。本项目基于开关柜故障抢修目前面临的问题，有针对性地研制智能保电专用柜，从根本上简化检修流程，提高开关柜抢修的效率和质量。本项目的实施对检修资料的精益化管理、检修工作质量的提升和维护电网的安全稳定运行具有重要意义。

二、创新点

（1）首次提出基于工作现场的电气设备抢修管理方法，并设计了相应的智能电力抢修柜。通过分析电气设备处缺记录，结合日常的电力检修工作经验，确定了奥运保电智能专用柜的结构和功能模块。

（2）智能保电专用柜设计了智能屏显、语音提示、备品备件自动检测、存放环境温湿度控制、物品不足提醒及检修材料信息的远程实时管理功能。

奥运智能保电专用柜如图1所示。

图1　奥运智能保电专用柜

该产品投入使用以后，抢修人员无须预估修复方案、无须准备工器具及可能需要的备品、备件，可在接到事故告警后第一时间赶往缺陷现场，极大减轻了电力抢修的准备工作量，提高了抢修质量和效率。智能电力抢修系统与变电站一一对应，自动生成历史记录，可用于对变电站设备状态评估，提升了变电站检修管理智能化水平。保电柜实现了短信双向传输，利用通信网络全覆盖的特点，使管理者对智能抢修柜实现实时性远程管理。产品的实用新型专利（专利号：ZL201820877166.5）申请已获得授权。

三、应用效果

奥运智能保电专用柜在国网张家口供电公司已经使用2年有余，设备故障检修流程得到大幅简化，完全避免了备品备件或工器具不匹配耽误抢修时间的情况，经统计可提高检修效率一倍以上。其次实现了检修资料的远程自动化管理，检修资料管理人员减少至1人，且自动库存告警功能避免了备品备件不足的现象。对备品备件的使用情况自动形成历史记录，在为以后的设备检修提供参考依据的同时，也可以用于预估站内设备状态，预防重大事故发生。

2019年10月前沟变电站发生545开关在倒方式操作时合闸线圈烧损的紧急事故，导致操作无法继续进行。由于该站配备了奥运智能保电专用柜，直接抽调正在邻近常峪口变电站工作的检修人员赶到事故现场进行消缺处理，使得事故处理时间至少提前3h，有效避免了缺陷的进一步恶化，并且大幅节约了处缺成本。

奥运智能保电专用柜的使用场景如图2所示。

图2 奥运智能保电专用柜的使用场景

四、推广前景

国家电网公司内部各单位检修专业的工作模式具有极大的相似性和互通性，为项目的推广使用提供了良好的环境。奥运智能保电柜投入使用后，设备故障检修流程得到大幅简化，完全避免了备品备件或工器具不匹配的情况，经统计提高检修效率一倍以上；实现了检修资料的远程自动化管理，可使检修资料管理人员由 2~3 人减少至 1 人。本成果的推广方便易行，只需在开关室有固定电源，经过简单调试即可投入使用。配置主机和网络后可以实现一台主机对多个站内智能保电专用柜的远程管理和控制，实现对检修过程和检修物品的精益化管理。

变电设备综合调试辅助装置

国网张家口供电公司　　　任大江　叶海鹏　王蒙恩

一、研制背景

在断路器 C 类检修工作中，机械特性测试工作占用了大量时间，其中手车式断路器储能及解除电磁闭锁的工作十分复杂，而且手车式断路器二次插件、户外断路器端子排与特性测试仪连接的环节中也存在安全隐患。

变电设备综合调试辅助装置的研制主要针对断路器机械特性测试工作，解决特性试用人多、耗时长、接线困难以及安全隐患等问题。

二、创新点

（1）测试过程由手动操作变为电气化自动操作。主要采用桥式整流技术，避免了手车式断路器机械特性测试工作中手动储能及拆除其面板后的解除电磁闭锁操作。

（2）测试线接触方式由无固定、无保护方式变为固定的插接式、螺旋拧入式。采用两种接触方式：

1）针对手车式断路器二次插件盒针式端子，采用插入式接头，即断路器机械特性测量多用接头。

使用插入式接头前（见图 1），针式端子细且光滑，安全距离近，夹于金属导电部分外露，且在测试线的作用下容易脱离，碰在一起便会发生短路，不能保证与针式端子有效接触。使用插入式接头后（见图 2），接头与针式端子接触紧密，不会发生脱离、短路的现象。

图1　使用插入式接头前

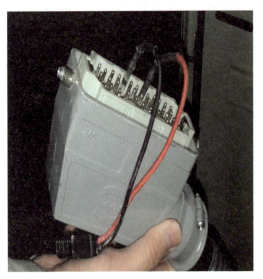

图2　使用插入式接头后

2）针对户外断路器端子排式设计，采用螺旋拧入式接头，即用于测量接线端子的防脱接头。

使用拧入式接头前（见图3），户外断路器端子排由于无处接线，机械特性测试时需要工作人员手动将测试线对接在端子排上。专用于端子排的防脱接头解决了这一问题，如图4所示，它独有的拧入式螺纹设计将接头拧入端子排中间螺纹连接孔，将对接式接触变为拧入式接触，接头接好后，工作人员即可处理其他工作，不必全程参与测试工作，既提高了工作效率，又避免了人员浪费。

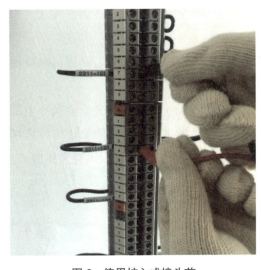

图3　使用拧入式接头前

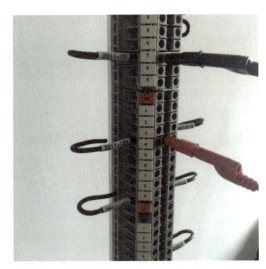

图4　使用拧入式接头后

三、应用效果

变电设备综合调试辅助装置在张家口地区已大范围推广使用，取得了良好的应用效果，主要表现在：

（1）断路器参数测试辅助装置如图 5 所示。变电设备综合调试辅助装置的研制主要针对断路器解除电气闭锁的工作，使存在闭锁回路的手车式断路器不必拆除面板即可手动解除闭锁回路，而户外断路器也不必用断线来解除闭锁回路。另外装置可为断路器提供储能电源，为保护装置提供直流稳压电源。装置小巧轻便，易于携带。

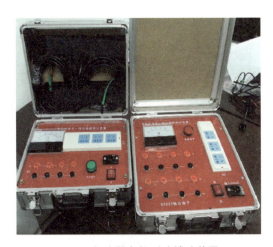

图 5　断路器参数测试辅助装置

该装置内置过电流、过电压保护，内部采用自主设计的全桥整流原理，配合电阻及电容，运行稳定。输入电压为交流 220V，充分考虑维护变电站断路器分合闸线圈普遍参数，并参考保护装置的参数，最后确定输出为：①输出稳压为直流 220V；②输出电流为稳流 5A。

（2）断路器机械特性测量多用接头如图 6 所示。该接头的主要作用是配合断路器参数测试辅助装置，可直接插在断路器二次插件的针脚上。该接头的使用，避免了工

图 6　断路器机械特性测量多用接头

作中无保护的开关特性测试操作，提高了安全性。

（3）用于测量接线端子的防脱连接头如图7所示。该接头的设计是针对户外断路器特性测试过程中测试线不能有效连接在端子排上的情况，即测试接点不能有效接入操作回路的工作。该接头的应用，可解放出1个工作人员从事其他工作，不仅提高了工作效率，而且避免了安全隐患。

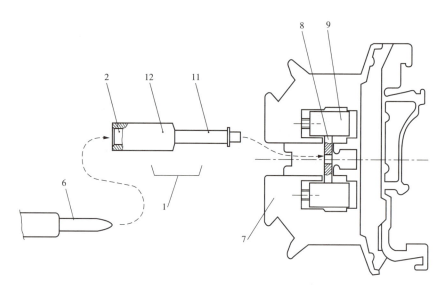

图7　用于测量接线端子的防脱连接头

（4）变电设备综合调试辅助装置现场应用。如图8所示，工作人员应用变电设备综合调试辅助装置配合断路器测试仪器进行试验工作。

图8　配合断路器测试仪器进行试验

如图9所示，工作人员应用变电设备综合调试辅助装置对监控改造工作中新装保护装置进行上电试验工作。

图9　对监控改造工作中新装保护装置进行上电试验

四、推广前景

变电设备综合调试辅助装置及其接头配合测试仪器可方便快捷地完成断路器的机械特性测试工作，装置设计合理，便于携带，操作简单，安全性高，使用率高，特别契合现在的半个站检修的工作方式，而且装置用途广泛，对检修工作有极大助益。

变电设备综合调试辅助装置在张家口地区已大范围推广使用，检修人员针对所维护设备的功能及应用范围的差异，设计出多个版本，有注重体积的小巧灵活型，有注重功能的集成度高的多功能型，还有专供二次装置供电的二次电源直供型。因此，具有较高的推广价值。

非特大型电气设备平移转位液压装置

国网秦皇岛供电公司　　李　铭　刘建军　蔡云赵

一、研制背景

在进行变电站内中小型电气设备安装或拆除时，特别是室内的电气设备，时常会因空间狭小或地形地势等原因，无法使用吊车、叉车、滚杠等常规重物平移运输方法。此时就需要外部专业的大件运输公司采用专用设备进行操作。大件运输公司作业相对于中小型设备运输而言，经济成本高昂，施工灵活度较低，且对中小型设备运输掌控力不是很强，又因路途、时间和进度计划等原因，影响施工进度。因此在施工中利用身边资源，借鉴大件运输公司专业平移方法制作安全可靠的中小型设备平移运输液压装置非常有价值。

二、创新点

（1）本成果结构简单，就地取材，成本经济，安全可靠。利用槽钢做滑道，减小滑动平移的接触面，因地制宜制作滑道，满足不同空间的要求，从而达到减小摩擦力的效果。

（2）本成果与现场实际相结合，效仿变压器就位的平移方案制作，综合中小型电气设备的特点，灵活运用现场材料、工具等，并经过现场施工项目组织机构的负责人、技术人员、设计人员、监理人员的论证，又经实际工作中试验、验证，形成了专项施工技术方案。

非特大型电气设备平移转位液压装置如图1所示。

图1　非特大型电气设备平移转位液压装置

三、应用效果

在河北昌黎安丰钢铁 220kV 变电站新建工程中，采用本成果安装就位 10.8t、35kV 电抗器 2 台，8.7t、35kV 电容器配套电抗器 8 台，实施中安全可靠，操作简单。通过经济核算，参照大件运输专业施工的费用标准，节约分包费用人民币 15 万～20 万元。在新建的基建变电站 110kV 杨庄主变压器增容工程和站东 110kV 变电站室内电气设备安装时，均采用该创新成果，应用效果良好，设备安全可靠安装，得到了现场技术人员、负责人、施工人员的一致好评，提高了施工效率。

非特大型电气设备平移转位液压装置现场应用如图 2 所示。

图 2   非特大型电气设备平移转位液压装置现场应用

四、推广前景

依据国家电网公司新建变电站典型设计，新建变电站主流为室内站，站用 10kV 变压器，35kV 及以下的消弧线圈、电抗器，电容器成套等整体总重在 5~10t 的非特大型电气设备将会大范围出现，且新建变电站结构紧凑，此类空间狭窄施工安装会不断出现。本成果在这些设备的新装、更换过程中体现出优越的安全性、经济型、便利性。因此可结合本成果生产制造标准化设备，进行普及推广，做到安全生产可控、能控、在控，有效降低施工成本，实现高标准、高质量的建设施工。

六氟化硫充气瓶控温称重仪

国网承德供电公司 　　李东旭　关宏达

一、研究背景

电力用 SF_6 气体一般储存在 SF_6 专用的气瓶内，呈液体状态保存。根据国际有害气体排放的要求，SF_6 气瓶要统一放在专业的 SF_6 气体库内，为解决气体库房占地及搬运路程远等问题，本项目提出采用可移动可工作可储存一体箱体的方法解决 SF_6 存储工作等问题。

二、创新点

（1）解决了 SF_6 断路器冬季补气过程中 SF_6 气瓶气体冻结无法工作的问题，检修人员到达现场后能迅速开展补气工作，极大节省了电力检修工程中冬季对 SF_6 断路器补气工作的时间。

（2）提供了称重的功能。检修人员在室外使用气瓶充气时，一边充气一边称重，随时记录并掌握使用气体的质量，气体使用数据更准确，避免了以往凭经验充气工作中无法得到准确数据的情况。一般工作中会因无法得知使用气体的多少而停止工作去称重，得出结果后再继续工作，一会再次重复这样的过程，设置称重功能后则避免了这样的重复。

（3）能及时告知储存管理人员存储的气瓶出现气体泄漏的状况，以便管理人员能够及时处理，避免出现整瓶气体泄漏完管理人员还不知道的情况。

（4）设置了加热装置的单独使用功能，可以单独对不同大小的气瓶进行加热。

三、应用效果

SF_6 充气瓶控温称重仪（见图 1）的本体采用优质钢板焊接而成，因此它的机械强度好，抗摔、抗砸。SF_6 充气瓶控温称重仪的系统功能如下：

（1）SF_6 气体防泄漏系统。如果气瓶出现泄漏气体的情况，SF_6 气体泄漏感应元件就会启动报警，红灯闪烁，排风系统启动排风，检修人员看到红灯后就会知道气瓶有泄漏气体的情况。SF₆气体防泄漏系统可防止在检修人员不知道的情况下气瓶出现慢泄漏情况。

（2）SF₆充气瓶称重系统（见图2）。在为设备充气的工作过程中，重量感应器始终在测量着气瓶内气体的质量，并通过显示屏提供实时充入气体数据以及瓶内剩余气体的数据，方便检修人员计算和记录。

图1　SF₆充气瓶控温称重仪外观　　　　图2　SF₆充气瓶称重系统

（3）SF₆充气瓶加热控温系统。在冬季需要使用加热控温功能，避免了重复加热、长时间加热，节约了电能，达到了低能耗的效果，加热装置还可从支架内拿出单独使用。

（4）SF₆加热装置（见图3）单独使用时，能快速加温，保持温度稳定，携带方便，可对所有型号的气瓶进行加温作业。

图3　SF₆加热装置

在冬季为一台SF₆设备进行补气工作，如果不使用SF₆充气瓶控温称重仪，为充气瓶烧水加热的次数就在 5 次以上，重复称重 3 次工作全程时间为 3h 左右。使用 SF_6 充气瓶控温称重仪，工作全程 10min 以内完成，缩短工作时间 95%。

四、推广前景

本成果已在国网承德供电公司使用，得到工作人员的肯定。SF_6 充气瓶控温称重仪具有功能多、可控温、可称重、可防漏、运输方便、操作简单的特点，解决了 SF_6 设备冬季补气时常遇到的各种问题，大幅提高了工作效率，保护了大气环境。

SF_6 充气瓶控温称重仪可广泛应用于高海拔、低温环境下需要及时对 SF_6 设备进行补气的地区。

主变压器消防喷淋模拟启动装置

国网廊坊供电公司　　李向建　张希成　庞　博

一、研制背景

传统变压器消防喷淋培训常采用 PPT 讲授、实地参观的形式进行，培训人员无法进行实操模拟演练，培训实际效果差。为了评估传统培训方式的效果，对 5 期（2019 年 8 月 2 日、2019 年 9 月 7 日、2019 年 1 月 11 日、2019 年 11 月 8 日、2019 年 12 月 18 日）主变压器消防喷淋系统培训的成绩进行了后期跟踪，发现达到熟练掌握的平均占比为 41.87%，还有 9.60% 的人不懂得操作流程和原理，显然不满足公司对基层变电站值班员的要求。究其原因还是传统的培训方式形式单一、枯燥、不直观。

传统的培训方式不直观、不形象，学员容易疲劳，培训效果不理想，值班员不能熟练掌握操作过程和原理，这给变电站带来了安全隐患。

依据变电站主变压器消防喷淋系统现状及值班员工龄、技术能力，并结合培训现状，本项目研制了主变压器消防喷淋模拟启动装置。

二、创新点

本项目具有如下几个创新点：

（1）采用新的培训形式，能够走出课堂，提高了学员的学习效果。

（2）更加直观形象地展示了主变压器消防喷淋系统的工作原理和操作过程。

（3）拥有友好的图像展示功能，能方便展示主变压器消防喷淋系统的控制过程。

（4）能够自动生成、记录、分析后台数据，便于对学员培训后期测评。

（5）可以完全模拟实际主变压器消防喷淋系统的工作流程。

主变压器消防喷淋模拟系统显示屏如图 1 所示。模拟启动装置如图 2 所示。模拟系统控制面板如图 3 所示。

图 1　主变压器消防喷淋模拟系统显示屏

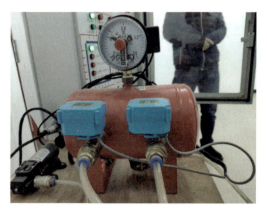

图 2　主变压器消防喷淋模拟启动装置

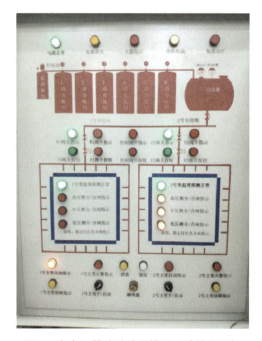

图 3　主变压器消防喷淋模拟系统控制面板

三、应用效果

2019 年国网廊坊供电公司变电运维中心安装了主变压器消防喷淋模拟启动装置，2019 年 9~11 月，使用模拟启动系统进行主变压器消防操作的学习，共开展了 5 期（2019 年 9 月 3 日、2019 年 9 月 19 日、2019 年 10 月 8 日、2019 年 10 月 23 日、2019 年 11 月 13 日）。

2019 年国网廊坊供电公司进行了主变压器消防喷淋改造，为了检查新装置的培训效果，针对以上 5 期学员，对变压器消防系统进行了实际操作，并由专家进行测评，测评成绩如表 1 和图 4 所示。

表 1　实操测评成绩

批次	60 分以下	60~80 分	80~90 分	90 分及以上
	不懂	了解	熟悉	熟练掌握
第一批	0.00%	0.00%	13.33%	86.67%
第二批	0.00%	0.00%	6.25%	93.75%
第三批	0.00%	0.00%	6.67%	93.33%
第四批	0.00%	0.00%	15.79%	84.21%
第五批	0.00%	6.67%	6.67%	93.33%
平均值	0.00%	0.20%	9.74%	90.26%

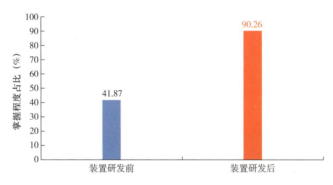

图 4　目标对照

可以看出，使用主变压器消防喷淋模拟启动装置对变电站值班员培训后，达到熟练掌握程度的人员占比由原来的 41.87% 提高到 90.26%。

主变压器消防喷淋模拟系统现场应用如图 5 所示。

图 5　主变压器消防喷淋模拟系统现场应用

四、推广前景

主变压器消防喷淋模拟启动装置安装和维护简单，通过事故预想、事故演习、事故案例等形式对变电站值班员进行实际操作技能的强化培训，使在课堂上无法教学以及在实际现场不易遇到的问题在此得到较好的解决。

学员在此系统上培训就如同亲临实际现场，能进行灵活的、安全的、反复的操作练习，操作运行人员能从中积累处理各种异常、障碍和事故的经验，提高操作技能，为保证安全、可靠供电打下良好的基础，具有非常广阔的推广应用前景。

纳米导电喷涂技术应用

国网冀北电力有限公司检修分公司　　李秋实

一、研制背景

　　冀北检修公司管辖的一次设备（如变压器、断路器、隔离开关等）接线板或触头发热问题频频出现，严重影响了设备安全稳定运行及可靠供电，长期困扰着检修人员，每年公司都要花费大量的人力、物力、财力进行消除。尤其是大负荷设备的接线板或触头，可能造成设备被迫停电，严重影响了设备的可用率和供电可靠性，而这两项指标又是电网运行指标的关键指标，是"迎峰过冬、迎峰度夏"活动中的一项重点工作。近年来，随着电网负荷的逐步增长，电气设备发热故障导致的非计停事件时有发生，已成为电网安全稳定运行的一大隐患，也为运行维护人员增加了大量的运维巡视测温工作。对此，本项目对纳米导电喷涂技术作了深入研究。

二、创新点

　　（1）纳米材料的应用。在应用纳米导电喷涂剂这一新材料之前，隔离开关检修普遍采用的是导电膏。因其受使用环境的影响，存在稀释、滴落、结块、表面粘沙尘等颗粒的问题，尽管使用初期效果较好，但是使用周期短，维护工作量大，易变干、流失，变干后不仅起不到保护金属表面的作用，反而会使金属的接触电阻增大。据统计数据显示，国内外同类产品使用寿命只有 2 年。本项目应用的纳米导电材料克服了普通导电膏因接触电阻发热导致其矿物油易熔化流失、金属粒子裸露后被氧化而失去导电性的缺点，现场使用简单方便，使用后设备维护周期长，维护工作量小，节约了大量的维护成本。

　　（2）检修新方法：黄金喷涂八步法。通过不断摸索试验形成了一套行之有效的喷涂方法，为新材料的应用提供了坚强的技术支撑。

　　第一步，逐个制订接头工艺控制表。逐个接头明确直阻控制值、力矩要求值，检修过程中按表格要求记录检测值，并签字确认，留档备查。

　　第二步，精细处理接触面。拆卸接头，检查接触面是否平整，有无毛刺变形，检查镀层是否完好无氧化。用 150 目细砂纸去除接触面的导电膏残留，用刀口尺和塞尺测量接触面的平面度，如不达标，用细砂纸包裹好的木块重新打磨，重新测量。

第三步，清洁接触面。用无水酒精、百洁布清洁两侧接触面上的污渍，使其恢复金属光泽。

第四步，均匀喷涂纳米导电喷涂剂。将纳米导电喷涂剂均匀喷涂，薄而均匀。

第五步，自然晾干。将设备自然晾干，视天气情况，等待 3~5min，检查材料是否晾干。

第六步，均衡牢固复装。用力矩扳手按要求拧紧力矩紧螺栓。紧固螺栓时应先对角预紧、再拧紧，经过两个循环，最后拧紧至规定力矩，一般工艺要求经过 2~3 次紧固到位，不对角紧固和一气呵成的紧固方法是不可取的。紧固时保证接线板受力均衡，并用记号笔做标记。

第七步，测试直流电阻。检测复装后的接头直阻，应小于控制值，如不符合要求，重复以上工序。

第八步，80% 力矩复验。用力矩扳手按 80% 的要求力矩复验力矩，检验合格后，用另一种颜色的记号笔标记，两种标记线不可重合。用规定的力矩对每个接头力矩进行逐一检查，对不满足要求的接头重新紧固并用记号笔画线标记。检查螺栓的防松动措施是否完好。

三、应用效果

2018 年 1~3 月，变电检修中心在 B 级检修基地进行喷涂纳米导电涂膜剂试验，通过前后试验数据对比，验证其真实有效，并根据应用成果编写了《通流回路纳米导电黄金喷涂工艺"八步法"》操作手册，为纳米导电喷涂技术的推广应用提供了扎实的技术支撑。

为夯实后续推广工作基础，选取工作内容复杂、班组交叉作业较多的安定变电站停电检修工作现场作为试点。此次安定变电站的工作内容包括 220kV 5 号母线更换、主变压器停电、线路停电等多层次检修工作；采用多班组交叉作业的方式，涉及多组刀闸动静触头更换，为纳米导电喷涂技术的推广应用奠定了坚强的现场实践基础。

纳米导电喷涂技术的应用如图 1 所示。

图 1   纳米导电喷涂技术应用

四、推广前景

本成果可以解决电网内接头发热问题，与金属接触紧密，具有润滑、防腐蚀、导电的优点，并已通过机械工业表面覆盖层产品质量监督检测中心、中化科学研究所检验，已在国网西宁供电公司成功应用，纳米导电涂膜剂防腐能力突出，导电性能优异，具有很高的推广价值。

变电站监控信息模拟传动平台

国网冀北电力有限检修分公司　　郭　飞　李世群

一、研制背景

国网冀北检修公司二次检修二班担负冀北地区所有 500kV 和 1000kV 变电站自动化设备的运行维护和检修工作，每一座新建变电站投运前都需要与调度主站进行监控信息传动，确保变电站上送调控主站信息的正确性。

现有传动方式是在调度通道具备后，由变电站人员触发信息，再通过电话与主站人员沟通确认，因此需要主子站双方同时在线，任何一方有事都会中断传动。

随着智能电网的发展，智能变电站大量投运，相对于常规变电站，智能变电站上送调度主站的监控信息量成倍增加（见图 1），而可传动时间为从调度通道具备到变电站送电前的数天，时间紧、任务重，为了不影响变电站如期投运，往往需要现场人员24h 连续传动、疲劳作业，导致传动质量难以把控，影响投运后变电站的正常监控和安全稳定运行。

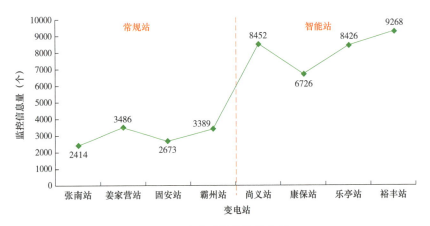

图 1　调度主站的监控信息量

由于现有传动方式越来越无法满足智能变电站监控信息传动工作的需要，因此，利用技术手段提高监控信息传动效率成了二次检修二班面临的迫切需求。

二、创新点

（1）变电站监控信息模拟传动平台借鉴移动通信技术和 GPS 技术，基于 IEC61850 通信规约和 IEC104 通信规约，以调控信息表、SCD 文件、RCD 文件为基础，通过平台模拟主站和模拟子站的功能配合，首次实现了变电站与调度主站之间监控信息传动的解耦，将以往需要人工完成的变电站监控信息传动工作转为了自动传动校验，大大提高了监控信息传动效率。

（2）利用模拟传动平台模拟功能，第一步，平台接收变电站监控信息，实现信息输出端的正确性校验；第二步，平台向调度主站自动发送监控信息，实现信息接收端的正确性校验。

变电站监控信息模拟传动平台工作原理如图 2 所示。

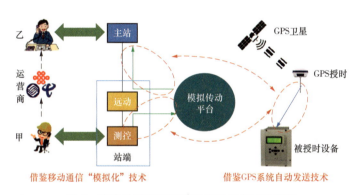

图 2　变电站监控信息模拟传动平台工作原理

基于移动通信运营商对语音留言的处理技术，开发模拟传动平台，实现变电站与主站的分步通信，使主子站人员不必同时在线，大大减少了互相等待的时间，并基于 GPS 系统自动授时技术，实现监控信息的自动触发传动，提高了监控信息传动效率。

三、应用效果

利用变电站监控信息模拟传动平台对宽城站监控信息进行自动验收，共传动监控信息 7612 点，耗时 $8 \times 8 \times 60 = 3840$（min），每百信息传动时间为 50.5min。在保证 100% 传动准确率的前提下，大大提高了传动效率，确保了新建变电站投运后的正常监控和安全稳定运行。

以一座 500kV 变电站（如洛图站）基建验收监控信息传动工作为例，计算本创新成果带来的经济效益。

每站节省传动时间 = 传动信息个数 /100 ×（原每百信息传动时间 – 现每百信息传动时间）=7612/100 ×（210–50.5）/60=202（h）。

每站节省人力成本 = 每站节省传动时间 × 传动人员数量 × 信息传动单人成本 = 202 × 4 × 41.67=33669（元）。

每站节省交通成本 = 节省传动天数 × 每天交通成本 =（14–8）× 400=2400（元）。

四、推广前景

变电站监控信息模拟传动平台已成功应用到国网冀北公司所辖 3 座 500kV 智能变电站的基建验收以及多座变电站改扩建验收工作中，在保证监控信息正确率的前提下，大大提高了监控信息传动效率。

各地每年都有大量的变电站新建和改扩建工作，都面临监控信息传动效率低下的问题，变电站监控信息模拟传动平台可以推广应用到各个智能变电站验收的现场，提高监控信息传动效率。

同时，各变电站普遍存在远动装置转发信息错误，导致误发、漏发监控信息的问题，利用变电站监控信息模拟传动平台可以实现远动装置的离线转发正确性校验，从而提高已有变电站监控信息上送正确率，若推广应用可提高整个智能电网调度控制系统的监控信息准确率，有助于监控人员快速分析和解决电网事故。

光伏电站跟踪支架检修用吊具

国网新源张家口风光储示范电站有限公司　　　翟化欣　刁　嘉　赵建华

一、研制背景

国家风光储输示范基地有 4 类单体的光伏跟踪支架（平单轴跟踪支架 122 台，自适应斜单轴跟踪支架 244 台，控制型斜单轴跟踪支架 448 台），光伏电站跟踪支架由于故障、老化等问题，经常涉及更换跟踪支架下部的传动装置的问题，由于跟踪支架自重为 800~1000kg，需要更换的传动装置自重为 20~30kg，因此在对传动装置更换检修过程中需要吊装机械或人力实现支架承重，从而完成跟踪支架的检修。冀北风光储公司没有吊装机械，且光伏区内光伏跟踪支架的间距小、地形起伏大，吊车等吊装机械非常不适宜检修工作的开展，而依靠人力去抬的方式，需要 6 人协作，而且跟踪支架结构上的空间相对狭小，安装过程中空间位置存在偏差导致费力费时。这种全靠人力操作的方式，不仅工作效率低，对检修人员自身安全也存在一定隐患，所以急需研制简单小巧易使用的装置来解决这个问题。

针对空间小、吊车不能进入以及人工承重等问题，冀北风光储公司光伏班组根据光伏电站跟踪支架检修用到吊具的需求，自主研制了三脚架立杆装置，解决了跟踪支架检修工作中的难题。

二、创新点

本成果具有以下创新点：

（1）采用国标冷轧钢管，质量轻，承载能力强，制造成本低。

（2）利用三角形的稳定原理，三脚架立杆装置不需要再加地锚。

（3）采用正反可调的手拉葫芦，结合滑轮组，操作简单，单人就可以完成立杆工作，为了安全起见还是需要至少两个人去完成，整套立杆过程只需在短暂的十几分钟内完成。

（4）可以加装手摇绞盘，更加便捷省力。

光伏电站跟踪支架检修用吊具实物如图 1 所示。

图 1　光伏电站跟踪支架检修用吊具实物

三、应用效果

　　将原来人工合力抬支架改为使用光伏电站跟踪支架检修用吊具，作业高度更灵活，提高了人员和设备的安全性，作业时间由原来的 240min 缩短到 105min，显著提高了工作效率。跟踪支架检修用吊具具有体积小、质量轻、承载能力强、装置组装拆卸方便、应用灵活、方便保险、系数高、简便快捷等优点，在冀北风光储公司光伏电站得到了广泛应用。

　　光伏电站跟踪支架检修用吊具应用现场如图 2 所示。

图 2　光伏电站跟踪支架检修用吊具应用现场

四、推广前景

　　光伏电站跟踪支架检修用吊具，应用于冀北风光储光伏电站，不仅提高了工作效率，改善了员工的工作条件，而且极大提高了员工的工作安全系数，具有极大的推广价值。

变压器低压侧智能套管

国网唐山供电公司　　苑会满　王志勇　唐　洁

一、研制背景

国网唐山供电公司辖区内有 10/0.4kV 配电变压器 10 万台，以油浸变压器为主，安装于电网的终端。日常运检维护中发现，仅国网唐山供电公司每年有千台以上变压器出现各类故障。从实际维修经验总结，变压器低压侧导电杆过热引发的故障占 80% 以上，每年损失上百万元。

根据变压器制造原理、出线结构及部件组成不难发现，故障多发生于低压侧，主要原因是变压器低压侧电流大，少则数十安，多则上千安，导电杆与接线端子接触不良，致使接触电阻增大，使电能转化成的热能（$Q=I^2R$）增多，出现恶性循环，导致变压器故障。

导电杆与接线端子固定螺母易松动是油浸变压器的制作工艺结构造成的。本项目研制出一种能从外观发现故障隐患的新型小套管，具有自动感知导电杆温度功能，当变压器导电杆轻微故障时便能通知检修人员，使问题得到及时处理。

图 1 为油浸变压器定型普遍使用的瓷套管，已有百年的历史。图 2 为油浸变压器智能套管，能时时检测导电杆温度，发现事故隐患。

图1　油浸变压器普遍使用的瓷套管

图2　油浸变压器智能套管

二、创新点

（1）利用电磁感应原理就地取能，内部无需电池。油浸变压器智能套管利用电磁感应原理实现就地取能，并通过热敏电阻控制开通和关闭发光电路，择机开通红色或绿色发光管，从而实现对导电杆的温度检测，并对外显示绿光正常或红光故障隐患的信息，原理接线图如图 3 所示。

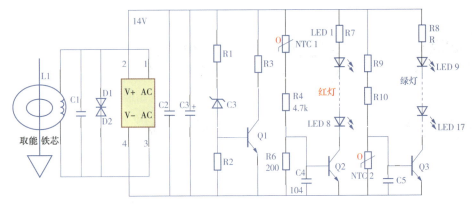

图 3　智能套管原理接线图

（2）工作寿命长，使用寿命可达 20 年以上。油浸变压器智能套管内部电子元件采用微电流设计，易损件发光管额定工作电流是 10mA，设计工作电流为 3mA，电容选用固体无极性电容。

（3）适应性强，水泡或者油浸皆可正常工作，坚固耐用。全部电子元件用高强度环氧树脂密封，可通过热水做升温试验，如图 4～图 6 所示。

图 4　成品用热水壶升温试验　　　图 5　升温前发绿光　　　图 6　升温后发红光

（4）安装便捷，直接更换原有的瓷质套管即可，无安装工艺要求。

三、应用效果

2018 年 8 月 17 日，运维人员发现安装在公用变压器上的智能套管有事故隐患。通过拍摄的照片，将故障现象及可能引发后果上报到乐亭公司运检部和乐亭城关电站，但未引起高度重视（此时用砂纸打磨，螺母紧固即可排除隐患），且未进行及时维修。在发现事故隐患的 14 天后，该 630kVA 的变压器烧毁，直接损失 5 万元。

事后智能套管的应用引起了相关领导层重视，智能套管在乐亭县供电公司得以应用，并取得良好效果。

（1）利用维修变压器的契机更换智能套管，如图 7、图 8 所示。

图 7　正在更换智能套管

图 8　更换智能套管后的效果

（2）2017~2018 年乐亭县供电公司选择部分变压器试验性安装智能套管百余台，如图 9、图 10 所示。安装在变压器上智能套管均显示绿光，说明变压器运行正常，无故障隐患。

图 9　城关 515 线路关帝庙 23 号公用变压器

图 10 城关 511 线路蔡各庄 2 号公用变压器

图 11　变压中间套管指示故障灯发出异常报警

（3）2018 年 8 月 17 日，运维人员发现安装有智能套管的变压器套管发光不正常

（见图11），中间套管指示为故障隐患的红光，及时将该情况反馈至公司，并得到及时检修维护。

四、推广前景

（1）智能套管在2018、2019年乐亭县供电公司试制与试验安装应用，是对红外线测温仪夜间测量电力接点温度的强力补充，智能套管更直观，且成本低廉。只需改变其外形，就能衍生多种自动测温产品，如图12、图13所示。

图12　自动测温垫片　　　　　　图13　小电流带电警示器（2A）

（2）全国10/0.4kV中小变压器数量庞大，缺少有效监测接头过热、过载、过电流的手段。智能套管在全国推广，能有效降低小型变压器故障频率，减少维修次数，提高用电可靠性，有良好经济效益。

（3）在电力系统中，因导体接触电阻增大导致发热，除了引发变压器低压侧故障，大型电机、开关接线柱、电缆接头情况也类似，烧毁接头的案例也发生多起，智能套管及衍生产品可应用于多种场合，具有广阔的推广前景。

10kV 保护装置故障检测仪

国网唐山供电公司　　王　伟　李绵绵　杜　鹏

一、研制背景

变电站二次接线错综复杂，可谓是牵一发而动全身，二次接线错误或虚接直接影响保护的正确动作（误动或拒动），会给电力系统造成无法挽回的巨大损失。10kV 出线是变电站直接输出给用户的重要电源，10kV 保护装置发生故障时，快速判断出故障所在，可以降低故障处理时间，提高供电服务质量。

目前，保护装置发生故障时，保护工作人员需要依据现象来查找故障，故障现象往往是通过测量相关端子电位和观察断路器动作状态等手段来判断的。采用传统方法测量端子电位就是用万用表的直流电压挡直接测量，记录下数据后再根据经验判断现象是否正确；而观察断路器动作状态就是实际带断路器传动，等待断路器分合闸并储能的过程也是非常浪费时间的。

经过统计，10kV 保护装置故障的处理总时间约 126min，其中查找故障用时平均为 78min，约占总时间的 62%，说明这一阶段是整个故障处理过程最为费时费力的部分。

因此，急需制作一种保护装置故障快速检测装置，能够将端子排上各端子的电位状态全部显示出来，并且能够模拟断路器的动作状态，将故障现象更直观地显示出来，代替工作人员用表计测量电位和实际带断路器传动的过程，从而降低查找故障的时间。

二、创新点

本成果的创新点有以下几个方面：

（1）本成果填补了国内 10kV 保护装置故障检测仪器领域的空白，在国内、外均属首创，已获国家实用新型专利授权。

（2）本成果的设计首次直观展示了手车式断路器内部接点通断情况，可以准确判断 10kV 保护装置故障情况。

（3）本成果的现场应用首次实现了一次试验可以检测保护装置内部多个接点通断情况的功能，可以集中显示多个接点动作结果且具有保持功能。

（4）本成果涵盖了所有 10kV 保护装置故障情况，可以模拟过电流、速断、重合闸等常规保护动作情况，并能输出弹簧未储能、工作位置、试验位置等各类接点提供时间测试和防跳等其他动作特性测试。

10kV 保护装置故障检测仪如图 1 所示。

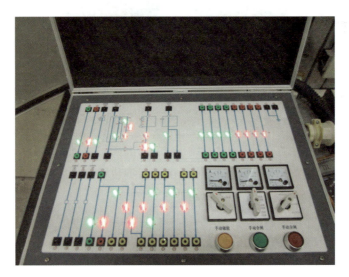

图 1　10kV 保护装置故障检测仪

三、应用效果

经过在新投基建项目应用，10kV 保护装置故障检测仪的正确性和可行性得到充分论证，能够有效克服传统校验方法的缺点。该装置能够一次校验 10kV 保护装置所有接点，且信号长久可靠，并且能够快速显示各接点状态，对于接线错误或虚接的回路可以通过测试仪看到。通过使用检测仪，保护校验对开关的传动拉合次数由原来的每路 5 次降低到每路 1 次，工作量变为原来的 20%，有效降低了断路器分合闸线圈烧毁的概率，提高了基建验收的准确性和快速性，提高了工作效率和验收质量。

10kV 保护装置故障检测仪应用于故障抢修工作中，在统计的 28 次故障抢修工作中，抢修时间由原来的平均每路 126min 缩短到平均每路 43min（不含路程时间），极大地减少了设备停电时间。累计节约工时 38.73h，极大地缩短了设备停电检修时间。

10kV 保护装置故障检测仪应用现场如图 2 所示。

图 2　10kV 保护装置故障检测仪应用现场

四、推广前景

　　10kV 保护装置故障检测仪的应用降低了检修人员的工作强度，提高了工作效率，减轻了对断路器的损害，缩短了停电时间，提升了企业的社会形象，具有行业全面推广的重要意义。

高压分压器无线测量系统

国网唐山供电公司　纪海英　陈　震　张向云

一、研制背景

　　变电检修中心的电气试验工作涉及的电气设备从 10kV 到 220kV，涵盖了所辖变电站内几乎所有的一次设备，对于不用的设备和项目，相应的试验仪器也多种多样。其中，电气设备的耐压试验是检验电气设备绝缘性能的重要试验，在进行耐压试验时需要时刻监测试验电压的数值。高压分压器是高电压测量的专用仪器仪表，主要包括分压器和测量表计两部分。现有测量表计一般采用专用电缆与分压器相连，且每块表计只能监测一台分压器的数值，不同表计不能混用。在现场实际使用高压分压器时，测量表计还会受到与分压器的测量距离以及需要监测的分压器数量的限制，特别是大型变压器的局部放电耐压试验，试验过程中需要同时监测多个高压端和低压端的电压数值，且由于变压器体积较大，分压器位置距离测量表计位置较远，需要较长的测量电缆，不可避免地会造成测量现场混乱，对现场安全管理造成较大威胁。另外，由于分压器的一次和二次采用物理直接相连（线缆）的形式，一旦高压分压器击穿会对测量表计和人身安全造成威胁。因此需要研制一种不受测量距离和分压器数目限制的测量系统。

二、创新点

　　（1）高压分压器多通道无线测量表计的测量信号采用无线方式接入。数据采集装置系统和便携式电脑通过无线方式连接，这不仅避免了因分压器绝缘损坏造成高压窜入测量表计而威胁试验人员人身安全，而且测量表计可以不再受线缆长度和位置的约束。无线传输距离理论为 300m，现场测试 100m 范围内可以可靠工作。

　　（2）高压分压器多通道无线测量表计，可以设置多个数据采集通道，并通过后台软件实现多通道的同步监测。这一功能可以在高压试验中实现对多点电压的监测，特别适用于可能因容升造成的被试设备不同位置电压不同的情况，防止出现过电压，保障试验设备和被试设备的安全。

（3）高压分压器多通道无线测量表计具备分压器分压比设定功能。通过设定分压比，可以配合任意分压比的分压器工作，避免了分压器与测量表计原有的一对一模式所造成的设备使用的局限性。

（4）数据采集装置采用电池供电设计，无须外接电源，高容量锂电池容量为4500mAh。设计可靠供电不小于10h，可保证现场测试1h工作正常。

高压分压器无线测量系统如图1所示。

图1　高压分压器无线测量系统

三、应用效果

本成果通过在试验厂房和110kV变压器局部放电耐压试验现场的实际应用，效果如下：

（1）数据采集准确、失真度小。数据采集装置实现了分压器电压的隔离、A/D转换、缓存、存储及通过无线网络发送等功能，它由电压隔离芯片、同步A/D采集电路、大容量非易失的静态存储SRAM、无线收发模块、核心微控制器及嵌入式软件组成，数据采集准确，失真度小。

（2）测量系统人机交互界面操作简单，波形显示清晰。该测量系统使用的无线网络具有简单、低功耗、高数据传输速率的特点，实时监测软件提供了波形、相位、电压峰峰值、有效值等数据显示，同时也提供了多路数据波形比对等功能。通过计算机软件界面设置各路采集量的分压比，软件自动根据分压比设置调整各路采集量的数值，保证测量系统的通用性以及试验时具备多个高压分压器同时测量实时显示的功能。

（3）现场应用效果好，多通道同时监测电压更方便。能同时监测变压器高压端和低压端及中性点的电压数值，且由于采用了无线传输模式，避免了使用较长的测量电缆造成的现场混乱，同时也避免了测量人员与高压端的直接电气接触，最大限度地保证了工作安全。

高压分压器无线测量系统现场应用如图2所示。

图 2　高压分压器无线测量系统现场应用

四、推广前景

高压分压器无线测量系统体积小巧，且内部模块芯片均能规模化生产，制造方便。该系统已经过生产现场（包括 220kV 变压器、110kV 变压器局部放电耐压、220kVGIS 耐压等大型复杂试验现场）实际应用检验，使用方法简单、安全可靠。该系统已应用于变电检修中心日常需要使用高压分压器的测量工作中，系统故障率较低、稳定性极好。

使用该系统进行实际测量，不受表计与分压器的测量距离以及需要监测的分压器数量的限制；另外，由于分压器的一次和二次采用无线传输数据的形式，可避免高压分压器击穿对测量表计的安全使用造成威胁，这极大地保证了工作安全进行，极大地提高了工作效率。本成果获得国家知识产权局授权实用新型专利（专利号：ZL 2017 2 1727685.5）一项，具有广阔的推广前景。

直流电源带电过渡装置

国网张家口供电公司　　王　洪

一、研制背景

在变电站中，直流电源的可靠运行对系统的安全稳定起着十分重要的作用，由于直流电源不接地的运行方式，因此，直流系统一般都安装直流绝缘监测装置。直流绝缘监测装置由在线式监测装置和传感器组成，在线式监测装置一般安装在馈线屏，用于监测直流系统的绝缘状态，传感器安装在馈线回路中，用于确定绝缘下降的具体支路。

通过将直流系统绝缘监测装置逐步进行改造，使其具备交流窜入直流故障的测记和报警功能，改造中不可避免地涉及传感器的更换。由于直流系统给保护、控制装置提供电源，因此，一般不允许馈线回路断电。为了解决这一问题，有些单位或厂家采用开口式传感器，但是，由于具有开合式结构，传感器的导磁率会大大降低，同时，长期运行过程中产生的振动、污染等，均会导致传感器的测量精度下降，甚至失效，影响了长期稳定的运行。

因此，有必要开发出适用于直流电源事故处理、技术改造，又能确保直流电源不失电、不断路、不接地的装置。本项目研制的直流电源带电过渡装置，应用于馈线回路的运行维护，可满足重要馈线回路负载持续供电的要求。

二、创新点

（1）采用电力直流电源系统等电位带电过渡专用工具，确保改造过程的二次回路的可靠性，确保直流改造过程不发生短路、断路、接地，防止直流电源失压的事故发生。

（2）采用电力直流电源系统等电位带电过渡专用工具，连接馈线带电转接及故障隔离装置，确保了保护控制和自动装置直流电源不会发生开路、短路、接地等故障，防止直流电源失压的事故发生。

（3）采用便携式工具箱设计，携带灵活，应用方便。

直流电源带电过渡装置如图1所示。

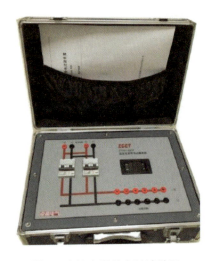

图 1 直流电源带电过渡装置

三、应用效果

直流电源带电过渡专用工具使用后，变电站绝缘监测装置和传感器的更换过渡方便快捷，连接安全可靠，大大提高了工作效率，还节约了成本。该工具已顺利应用于赵川、夏源、侯家庙、闫家屯等 11 座 220kV 变电站的绝缘监测装置改造。

直流电源带电过渡装置的应用现场如图 2 所示。

图 2 直流电源带电过渡装置应用现场

四、推广前景

本成果已经应用于国网冀北公司、国网山西公司的直流专业班组，用于对变电站直流电源系统馈线回路维护，如更换直流漏电流传感器、直流断路器等操作，可实现馈线回路的带电作业和不停电更换。本成果可在直流电源系统的运维中推广应用。

新型机柜温控自动散热装置

国网张家口供电公司　　　卢顺吉　张丁丁　张家玮

一、研制背景

变电站是供电企业实际生产的基本单元，变电站能否安全稳定运行关乎整个地区的供电可靠程度。变电站二次设备是用于对一次设备进行检测、控制、调节、保护并向运行维护人员提供运行工况或生产指挥信号的设备。

二次设备种类众多，包括保护设备、通信设备、安防设备等，且设备都是 24h 不间断运行，使得变电站主控室温度升高。2018 年，怀来地区二次设备就曾经发生过多起故障。

2019 年，国网冀北公司逐步在变电站内增加了网络安全监测装置、纵向加密装置、变电站防火告警装置等大量二次设备，并加速推进县区分公司变电站第二套调度数据网建设，旨在为变电站提供安全可靠的双路通道，为变电站网络互联提供双重保障。当年 1 月，国网怀来县供电公司变电站在加入第二套调度数据网设备后，发现二次设备故障频次增加，故障总时长上升；同年 2 月，变电站安防、加密等设备逐渐增加，导致通信类设备散热不佳，故障时长再度升高。

针对上述问题，本项目研发了新型机柜温控自动散热装置。

二、创新点

新型机柜温控自动散热装置的主要创新点有：

（1）当二次设备温度超过某一温度时，散热装置能够自动散热，及时将二次设备温度控制在最佳运行温度内。

（2）安装时，能够根据设备位置及出风口不同有选择性地进行安装和左右滑动调整。在实际安装时，由于柜体内设备较多，可能存在设备安装位置不足的情况，此时需要调整安装点的高度，以保证散热设备能够正对有需求的设备，保证散热效果。

机柜温控自动散热装置如图 1 所示。

图 1　机柜温控自动散热装置

三、应用效果

将风扇接入直流 48V 电源，待 3min 后，使用风量仪对 4 个风扇同时进行测量，每分钟测量 1 次，每个风扇测量 10 次，经检测单个风扇风量均可达 100m³/s 以上。

将温控器的启动温度设置为 24℃，停止温度设定为 20℃。将磁吸式探头吸附于运行设备外壳处，共进行了 10 组启停测试，检验电子式温控器在 20℃和 24℃时能否实现风冷装置的启停，测试结果满足准确启停要求，且能够感知温度变化精度达到 0.1℃，实现了预定目标。

通过设备可移动挂钩和滑轨配合的方式固定，可适应各种机柜宽度，且最终通过浮动螺母和 M6 螺栓进行紧固，效果能够满足设计要求。安装试运行一段时间后，到现场检查未发现松动，设备运行时也未出现异响等情况。

通过对本成果的实际测试以及多次数据记录可以看出，连续 30 天未发生设备温度超过 24℃的情况。在使用设备的一个月中，该变电站未出现过设备故障的情况，设备频繁高温造成业务中断的现象得以全部消除。

四、推广前景

新型机柜温控自动散热装置的应用，可以使变电站内设备制冷故障迅速得到解决，且日常检修方便携带，一旦发现此类原因的故障，均可迅速进行处理，加快了设备恢复正常运行的时间，提高了供电可靠性，提升了用户的用电体验。因此，本成果具有较高的推广价值。

一种接地导通测量方法及分接装置

国网承德供电公司　　张新亮　许剑锋　刘　婷

一、研制背景

近些年，国内多处变电站因雷击而扩大事故，多数与电气设备接地导通不合格有关。接地导通体现了电气装置与接地网连接的程度，是电气设备防雷装置的重要技术指标。

接地导通测量工作对设备及操作人员的安全至关重要。传统的接地导通测量方法复杂，且参考点选择不当会对测量结果产生较大影响。传统的接地电阻测量方法的缺点主要有测量耗时时间长，测试人员远距离沟通中可能存在消息错误，基准点选取不当等，对结果影响较大。

二、创新点

（1）本成果采用新的接地导通测量分接装置，避免了测量人员之间因语言传达造成的对测量结果错误，能够节约大量的测量时间。还可以直观地对比某个间隔的接地导通情况。

（2）本成果提出一种新的测量方法，避免了只选取一个基准点对结果造成的影响，提高了测量的准确性。

（3）本成果依托现有接地导通测试仪，分接装置起到连接接地导通测试仪与接地装置的作用。测试前，将参照间隔设备与待测间隔设备先行连接，分接装置与分接装置遥控器间采用无线信号通信。测试时，测试人员利用遥控器自主选择需测量的设备。

一种接地导通测量方法及分接装置如图1所示。

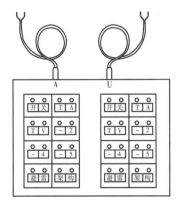

图1　一种接地导通测量方法及分接装置

157

本成果在实施过程包括：接地导通分接装置本体电路部分及机械部分制作，分接装置遥控器电路部分及机械部分制作，以及装置整体组装及调试。

具体测量方法：①利用本成果进行设备接地导通测量前，首先将分接装置与接地导通测试仪正负极依次连接；②测量时，先选择一个间隔的设备作为参照体，将参照体依次连接到测试仪上；③选择一个被测间隔，将被测间隔的设备分别连接到分接装置上，再将分接装置与测试仪相连接；④测试人员按下无线遥控器上待测设备的对应按键，即可测得被测设备的接地导通结果；⑤依照此方法可测得任意设备的接地导通结果。

三、应用效果

传统方法测完一个设备需要重新连接待测物，使用新的分接装置和测量方法可以大大节约时间。利用分接装置和新的测量方法，测试人利用无线遥控器，可以避免因为沟通错误带来的误差；避免了以往选择单一参考物而带来的偶然性误差，提高了测量准确度。

四、推广前景

新的接地导通测量方法及分接装置可以配合大多数类型的接地导通测试仪使用，大大提高了接地导通测量的效率与准确性。

本成果可操作性及实用性高，能够解决现阶段接地导通测量过程中存在的问题，可以提高接地导通测量的工作效率，提升接地导通测量的工作质量，具有较高的推广价值。

变电站围网便携收放盒

国网廊坊供电公司　　宋　浩　甄丽云　刘照森

一、研制背景

变电站设备停电检修时，运维人员需要在检修设备周围设置围网，用于隔离停电设备，以确保检修人员的安全。根据检修区域的大小，可能需要十几米甚至几十米长的围网。在围网的其中一面，每隔一段距离都有"止步，高压危险"的标识；在围网的另一面则没有字样。悬挂围网时，应根据检修要求使字样朝里或朝外。每张围网的长度为 10m，分为粗线编制和细线编制两种规格。

现有的安全围网存放工具为手提袋，存放过程无序，造成安全围网上的"止步，高压危险"标识旗的"向内""向外"和"朝上""朝下"方向不明确，且多张围网存放在一处，常缠绕交织在一起，需要多人将其梳理清楚才能正常使用，在围网梳理过程中时有发生围网扯破等问题。由于没有合适的辅助工具，工作人员在布置安全措施时费时费力，降低了工作效率，延长了停送电时间，影响了供电可靠性。

结合安全围网在实际使用中存在的各种问题，需要研制一种新型的围网存放工具，以便于提升工作效率，减少人力、物力的输出，保障有效供电。

二、创新点

该新型围网便携收放盒共分为四个部分：底座、箱体、主轴和摇把。底座与箱体相连构成存放箱，主轴与摇把相连构成转动部分，箱体的中心位置作为主轴的支撑部分，人员通过转动摇把进行变电站安全围网的收存。其创新点主要为：

（1）每个收放盒中可以存放 1~2 张围网，收放盒的体积按照实际情况设计，盒顶有把手，方便携带。在大多数停电操作中，4 个收放盒（共 4~8 张围网）已经足够了，一个人就能轻松携带。

（2）围网的收放利用分段摇把完成（分段摇把分为三段式，根据实际情况各段长度不同），不用时可以拉直隐藏在旋转轴中，使用时将其拉出就可成为摇把，节约了空间，收放方便。

（3）多个围网之间的连接利用魔术贴，根据魔术贴就可以提前分清正反面，能够按照工作要求快速布置围网。收放围网时，不需再区分正反面，有效节约了悬挂围网的时间。由于围网之间用魔术贴连接，解决了多张围网交织缠绕的问题，延长了围网的使用寿命。

（4）每个收放盒均选用耐用且自重轻的材质，且收放盒的使用简单易上手，一个人就可以快速方便地悬挂或收取所有围网，缩短了停送电时间，提升了工作效率。

（5）每个收放盒中存放的围网数量是固定的，便于变电站对围网的数目清点以及规范化管理；并且围网收放盒外观严格按照变电站内安全工器具柜的尺寸定制，使得围网的存放更加整齐规范。

变电站围网便携收放盒如图 1 所示。

图 1　变电站围网便携收放盒

三、应用效果

应用变电站安全围网便携收放盒之后，不再需要多人布置围网或者解决围网纠缠在一起的问题，并且收放盒应用了魔术贴，运维人员可以提前分清安全围网上的"止步，高压危险"标识旗的"向内""向外"和"朝上""朝下"方向，一个人就可以快速悬挂或者收取围网，节约了布置安全措施的时间和人力，提高了工作效率；在大型停送电现场，即使需要多张围网配合使用，一个人就可以轻松携带并布置所有围网，为设备停电操作预留了大量时间，有效提升了工作效益；安全围网的存放更加合理有序，整齐划一，运维人员对于围网的使用和数量做到了心中有数，管理更加规范化。

变电站围网便携收放盒应用现场如图 2 所示。

图2 变电站围网便携收放盒应用现场

四、推广前景

变电站围网便携收放盒可以应用于变电站中安全围网的存放，克服了现有安全围网使用中耗时、费人、费力等不足，提供了一种方便快捷的存放和使用技术；收放盒具有设计合理、结构简单、便于使用和存放等特点；虽制作成本低廉，却能带来很大的经济效益。

除此之外，收放盒的使用为统计各站安全围网的数量提供了有效方法，并且能够合理规范变电站围网的存放和使用，减少布置围网的时间和设备的停电时间，能够有效提升运维人员对各站安全工器具的管理效率、工作效率。

综上所述，本成果具有良好的推广前景和使用价值。

更换变压器硅胶辅助工具

国网廊坊供电公司　　　李向建　张希成　庞　博

一、研制背景

变压器呼吸器也称为变压器吸湿器或变压器硅胶罐，其作用为吸附空气中进入储油柜胶袋、隔膜中的潮气，以免变压器油受潮，以保证变压器油的绝缘强度。变压器呼吸器的结构组成：玻璃罩、上下封头铸件、油杯、连接法兰、硅胶、变压器油。

呼吸器使用过程中硅胶潮解将变色失效，使未经净化的空气直接进入变压器，加快变压器油变质的速度，增大变压器发生内部故障的可能性，因此需及时进行硅胶更换。更换变压器硅胶需要一种辅助工具，以适应不同结构的硅胶罐体，特别是防止比较笨重的硅胶罐体破裂等意外事件的发生。

由于变压器硅胶罐体积较大，装满失效的硅胶后，质量较重，因此更换硅胶时，有时会出现硅胶罐侧翻、失效硅胶撒到地上、变压器油侧漏、呼气嘴磕碰、密封不严等问题，日常更换工作必须两人及以上一起完成，全程需要专人托抱硅胶罐，不仅耗时耗力，而且完成质量不高，影响主变压器的安全稳定运行。

本项目研制的辅助工具可以帮助运维人员完成各种型号硅胶罐硅胶的更换工作。

二、创新点

为了解决更换硅胶时存在的各种问题，结合实际变压器硅胶罐的结构特征、工作现场情况、作业人员能力，设计的辅助工具具有以下几点创新点：

（1）可靠支撑硅胶罐。辅助工具选择两个钢制半圆形，用伸缩锁扣固定，操作简单，可以调节大小；操作时，固定可靠，无松动现象。

（2）可以倾倒硅胶。采用插销式单侧翻转结构，翻转灵活，最大翻转角度为100°，更换过程安全可靠，简单省力。

（3）适用于不同型号的硅胶罐。变电运维中心管辖范围内的主变压器电压等级有35、110、220kV，不同电压等级的主变压器，其硅胶罐的型号、规格有较大差异。辅助工具的硅胶罐固定部分采用环抱结构，可以安全可靠地固定不同型号的硅胶管；经承重试验，辅助工具针对不同质量的硅胶罐，均可以稳定固定。

（4）适用于安装高度不同的硅胶罐。升降机构部分采用齿条调节结构，受力时可以精确调节高度，操作简单方便。

（5）升降辅助工具满足动力要求。辅助工具按照最大质量的硅胶罐设计把手长度，采用杠杆原理，保证加力时可靠、准确、省力，可以满足动力要求。

（6）在鹅卵石地面上站立稳定。底座部分采用三脚架结构，可以在鹅卵石地面上稳定站立。

更换变压器硅胶辅助工具如图1所示。

图1 更换变压器硅胶辅助工具

三、应用效果

运维人员利用设备维护的机会，多次使用辅助工具进行了变压器硅胶更换工作，并对使用情况进行了统计，结果见表1。

表1 2017年变电运维中心更换变压器硅胶统计

序号	日期	维护设备名称	变电站	作业人员	监护人	作业人数	作业时间（h）
1	2017-10-09	1号主变压器硅胶更换	翟各庄站	石金海	庞博	2	1.00
2	2017-10-16	2号主变压器硅胶更换	高楼站	东春亮	高峰	2	0.91
3	2017-10-22	1号主变压器硅胶更换	三城站	刘宝清	于林	2	1.27
4	2017-11-06	1号主变压器硅胶更换	石庄站	李玉花	许斌	2	1.29

序号	日期	维护设备名称	变电站	作业人员	监护人	作业人数	作业时间（h）
5	2017-11-13	1号主变压器硅胶更换	棋盘站	陈清扬	宋浩	2	0.93
6	2017-11-20	2号主变压器硅胶更换	翟各庄站	张一博	崔梦	2	0.94
7	2017-11-27	2号主变压器硅胶更换	三煤站	季盼	丁宁	2	1.01
8	2017-11-28	1号主变压器硅胶更换	杜官屯站	钱进	李梅	2	1.30
9	2017-12-01	1号主变压器硅胶更换	姬庄站	郑经	徐海	2	1.25
平均值						2	1.10

从表1可以看出，作业时间平均值为1.10h，作业人数平均值为2.00，经查历史数据，2016年硅胶更换工作作业时间平均值为2.04h，作业人数平均值为3.96。实际应用表明，使用辅助工具进行硅胶更换工作，既提高了工作效率，又提高了工作质量。

更换变压器硅胶辅助工具应用现场如图2所示。

图2 更换变压器硅胶辅助工具应用现场

四、推广前景

本成果是一种实用性强、应用效果明显的更换变压器硅胶辅助工具，可以帮助运维人员完成各种型号硅胶罐硅胶的更换工作，达到事半功倍的效果，避免了人力、物力的浪费，具有较高的推广价值。

高压开关设备局部放电带电检测专用支撑装置

国网冀北电力有限公司电力科学研究院　秦逸帆

一、研制背景

高压开关设备在发生电气故障之前大多会发生局部放电，局部放电是由于局部电场集中导致绝缘介质部分击穿所产生的放电，其长期发展可能会导致严重的绝缘故障，必须予以重视。检测高压开关设备中的局部放电，对保证设备安全可靠运行具有重要的现实意义。

为确保高压开关设备局部放电带电检测的安全，除严格执行电力相关安全标准和安全规定之外，还需满足以下几点要求：①检测时勿碰勿动其他带电设备；②防止传感器坠落到气体绝缘组合开关（简称 GIS）管道上，避免发生事故；③在狭小空间中使用传感器时，应尽量避免身体触碰 GIS 管道；④检测时要防止误碰误动 GIS 其他部件；⑤使用传感器进行检测时，应戴绝缘手套，避免手部直接接触传感器金属部件。

但目前 GIS 设备结构紧凑，检测空间狭小，某些测点高度超过 3m 甚至 5m，实际操作过程中试验人员肢体难免会触碰 GIS 设备，对人身及设备产生了安全隐患。因此，亟待提出一种高压开关设备局部放电带电检测专用支撑装置，可以保证不触碰开关设备开展超声局部放电、特高频局部放电带电检测，保证人身及设备安全。

二、创新点

高压开关设备局部放电带电检测专用支撑装置，包括绝缘操作手柄、绝缘杆端头、传感器固定端头、穿心螺杆、旋转支撑杆、旋转方向固定螺杆以及传感器结构支架等关键组部件，具有以下创新点：

（1）该装置能有效避免试验人员与运行设备之间不必要的接触，试验人员把持绝缘操作手柄即可将传感器贴于测点表面，测量超过自身举高或穿过操作空间狭小区域的测点，大大提高了带电检测的人身及设备安全。

（2）采用超声波、特高频局部放电带电检测的传感器支撑装置后，有效避免了试验人员使用升降车、绝缘梯等辅助测试工器具，节省了升降时间、搬梯及爬梯时间，明显提高了带电检测效率。

超声波局部放电传感器支撑装置如图1所示。特高频局部放电传感器支撑装置如图2所示。

图1　超声波局部放电传感器支撑装置　　图2　特高频局部放电传感器支撑装置

三、应用效果

本成果已在2015年国家电网公司GIS带电检测比武、2016年国家电网公司带电检测比武、2017年国网冀北公司带电检测比武以及各运维单位日常带电检测过程中广泛应用，并在国家电网公司范围推广使用，受众人数达30万人次，具有较高的社会经济效益。

本成果可用于日常电气设备缺陷诊断，平均缩短缺陷/故障诊断时间5h，即减少设备停电时间5h。国网冀北公司每年约发生GIS故障10次，按照设备每停电1h损失10万元计算，应用本成果，每年可节约成本500万元，计算依据：$10 \times 5 \times 10 = 500$（万元）。

特高频局部放电测量现场应用如图3所示。

图3　特高频局部放电测量现场应用

四、推广前景

本项目研制的带电检测仪器用传感器支撑装置，能有效避免试验人员与运行设备之间不必要的接触，大大提高了带电检测的人身及设备安全，同时能明显提高带电检测效率，其带来的社会经济效益及应用前景非常广阔。

抗干扰型铁芯接地电流检测装置

国网冀北电力有限公司电力科学研究院　　牛　铮　郭绍伟　郝　震

一、研制背景

变压器铁芯是变压器内部传递、变换电磁能量的主要部件，正常运行变压器的铁芯必须接地，并且只能一点接地。对变压器的事故统计分析表明，铁芯事故在变压器总事故中已占到了第三位，其中大部分是铁芯多点接地引起。当铁芯两点或多点接地时，在铁芯内部会感应出环流，该电流有时可达数十安培，会引起局部过热，严重时会造成铁芯局部烧损，还可能使接地片熔断，导致铁芯电位悬浮，产生放电性故障，严重威胁到变压器的可靠运行。

变压器铁芯多点接地往往引起磁路的局部高温，因此油中溶解气体分析能够间接反映问题，但由于缺陷产生的特征气体在油中的扩散需要一定时间，且试验规程中规定油色谱取样也有一定的周期，所以往往难以迅速地发现运行中的铁芯多点接地故障。另外，铁芯多点接地时，低电压下的空载试验可以发现空载电流异常，铁芯对地绝缘电阻试验也可以发现绝缘电阻异常，从而有效地诊断铁芯是否出现多点接地的情况，但都是停电试验，仅适用于发现异常后的确诊。异响和油温异常具有偶然性，且难以判断产生原因，因此并非较为可靠的方法。

二、创新点

（1）针对造成变压器铁芯接地电流测试不准确的主要因素——漏磁场的差异性、随机性的特点，提出了采用双绕组电流互感器平衡干扰电流的技术方案，并在研制过程中解决了整体屏蔽以及紧凑便携等技术难点。

（2）基于以上关键技术的研究成果，研制了抗干扰型铁芯接地电流检测装置。首次通过双绕组电流互感器平衡干扰电流的方式实现了自动消除变压器漏磁场对测量结果的影响，现场应用效果良好，装置结构合理、便于携带、安全可靠，能够适用于各类变压器的现场应用。

（3）抗干扰型铁芯接地电流检测装置可以实现接地电流测试的准确性，提升精益化管理水平，通过对测试结果的分析比对，可以提早发现和预防变压器铁芯故障的发生，也为变压器发生故障后的分析判断提供了可靠的技术手段。

抗干扰型铁芯接地电流检测装置如图1所示。

图1 抗干扰型铁芯接地电流检测装置

三、应用效果

使用普通钳形电流表和抗干扰检测装置分别进行铁芯正常接地变压器的铁芯接地电流测试，通过对比应用可以看出：

（1）普通钳形电流表的测试结果分布在几十至几百毫安区间，不同的变压器、不同的位置，所测结果有很大的分散性，无法分辨铁芯接地电流的真实值大小。

（2）抗干扰型铁芯接地电流检测装置的测试结果为几毫安，考虑到仪器的测量精度，可以认为铁芯接地电流的真实值在10mA以下，与三相变压器铁芯接地电流理论值相符。

（3）通过对比可以看出，由于漏磁场等空间电磁干扰感应产生的电流可达铁芯接地电流真实值的数百倍，铁芯接地故障的早期特征电流可能完全淹没在干扰电流中，普通钳形电流表无法捕捉，而抗干扰型铁芯接地电流检测装置能够准确地反映铁芯接地电流真实值的变化情况，能够及时发现并预防铁芯多点接地故障。

四、推广前景

变压器铁芯接地电流检测过程中易受到空间电磁环境的影响，目前现场检测手段不具备屏蔽空间干扰的能力，检测结果具有很大的不确定性，并且数值往往会超过国标的限值，给设备的运行和检修带来隐患。采用加装补偿线圈产生反向电流的方式改造的抗干扰铁芯接地电流检测装置，能够极大地排除空间磁场带来的干扰，还原铁芯接地电流的真实值，为变压器铁芯运行状态的判断提供可靠依据，从而提高设备和电网的安全运行水平，具有很大的推广价值。

检修状态断路器机械特性测试装置

北京送变电有限公司　　魏　刚　赵宝斌　田丽华

一、研制背景

　　断路器是包括特高压工程在内的全部变电站重要的电气设备之一，其正常运行对电网的稳定和安全运行有着关键作用。当断路器发生故障时，通常会甩掉负荷或造成故障扩大，甚至引发大面积停电事故，造成巨大的经济损失。在断路器的"制造—安装—调试—运行"全寿命周期中，研究其质量问题及缺陷检测具有重要意义。

　　在进行断路器机械特性测试时，测试仪的工作原理为：在分闸状态下，对断路器的合闸线圈发出额定控制电压脉冲信号（此信号为直流脉冲信号），脉冲发出的瞬间，断路器机械特性测试仪开始计时，通过断路器机械动作的固有时间后，断路器完成合闸，在合闸的瞬间，测试仪的断口信号端子恒压源由开路变为短路，在此变化的瞬间，计时结束，显示出的时间为断路器合闸时间。断路器分闸测试则与之相反，测试仪发出脉冲信号瞬间开始计时，当断口信号端子恒压源由短路变为开路的瞬间，计时结束，由此得出分闸时间。

　　此测试为全国通用的断路器动作时间测试方法，但是此方法必须保证断路器至少一端不能处于接地的状态，如果两端均接地，则会造成断路器机械特性测试仪断口信号端子恒压源时刻处于短路状态，断路器不论如何动作，均不能检测到动作时间。

　　对此，本项目研制出一种检修状态断路器机械特性测试装置。

二、创新点

　　在断路器合闸或是分闸的过程中，双端接地检测装置的工作原理是：在断路器分闸的情况下，双端接地检测装置发出的直流电流通过大地形成回路，而当断路器刚刚合闸时，其电流在大地之间形成的回路流动时，同时通过断路器回路分流，由于断路器回路电阻值远小于大地回路电阻值，因此两回路形成并联回路，使整体电阻值变小，因此双端接地检测装置恒压源的电流必将产生波动；反之，当断路器由合闸状态转变为分闸状态时，两电阻由并联电路改变为仅是大地电阻形成的单电阻电路，整体电阻值变大，也使双端接地检测装置恒压源的电流产生波动。

断路器机械特性测试仪的工作原理：利用断路器合闸时电流的波动，通过相应的放大及稳压后，使三极管的门极触发，从而导通（该导通需为持续的导通），使断路器机械特性测试仪的断口信号端子短路，检测到合闸时间；利用断路器分闸时电流的波动，通过相应放大及稳压后，使三极管的门极触发停止，三极管由导通变为关闭，使断路器机械特性测试仪的断口信号端子开路，检测到分闸时间。断路器机械特性测试仪工作原理如图1所示。

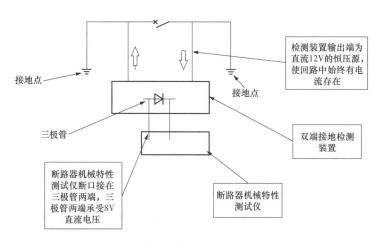

图1 断路器机械特性测试仪工作原理

断路器机械特性测试仪模拟试验如图2所示。

图2 断路器机械特性测试仪模拟试验

三、应用效果

通过本成果的应用，断路器机械特性试验测试时间大幅减少，提高了工作效率，在断路器两侧均接地的情况下，更加有效地保障了试验人员和试验仪器的安全，确保了测试数据在排除感应电压干扰后的真实性，经济效益和社会效益显著。

断路器的机械特性测试是检测断路器是否具备运行条件的重要手段。在特高压工程检修的过程中，当断路器由运行状态转为检修状态时，按照运行操作及设置安全措施的要求，断路器两侧均为接地状态，断路器机械特性测试仪在取不到断口状态信号的情况下，无法进行机械特性试验，必须向运行单位及调度单位申请至少拉开一侧接地开关。从申请至拉开接地开关耗时非常长，且在测试时断路器由于缺少接地保护，会产生一定幅值的感应电压，对试验数据会产生干扰。本成果在断路器两侧均为接地状态下，准确有效地完成机械特性测试。同时，对于试验过程中的操作人员起到重要的保护作用，因此，本成果在根本上解决了试验的效率提高和安全工作两方面问题。

本成果在锡盟 ±800kV 换流站 2019 年度检修工作和唐山阳乐 500kV 变电站 2020 年度扩建、山西浑源 500kV 变电站 2020 年度技改等工程得到实际应用，测试效果良好，测试结果正确。

四、推广前景

目前国内外对断路器机械特性测试仪的研制，主要是集中在抗干扰和测试稳定性方面，其发展趋势是由光测量信号代替传统的电测量信号，从而减轻测试仪的质量，提高测量准确性和稳定性，并对使用特殊材料制造的断路器断口（如特高压换流站直流场使用的石墨触头断路器）有重点研究。

国家电网公司非常重视安全工作，在安全工作的基础上，服务国家建设大局的层面上，提高工作效率具有重要的意义，本成果就是在此基础上确定开展的。

本成果可广泛应用于特高压换流站及变电站断路器预防性试验工作，同时也可在已经投入运行的变电站改、扩建工程中得到应用，进而在全国送变电企业、全行业推广，对于各种情况下的断路器机械特性测试将产生积极有益的影响。

一种特高频传感器防感应电装置

国网冀北电力有限检修分公司　　罗　杰　周艺旋　邓晚军

一、研制背景

　　电网一次设备在线监测技术近年来取得长足进步，越来越广泛地应用到变电站中，特别是新建变电站和重要变电站中。特高频在线监测作为监测局部放电的一种有效手段，应用普遍，对检修人员提早发现、诊断缺陷发挥了巨大作用。特高压廊坊站1000kV GIS设备装置有特高频局部放电在线监测系统，由上海莫克电子技术有限公司提供，共有内置的传感器监测点位180个，由相关人员负责日常的带电检测工作和应急处理工作。

　　在一次特高频局部放电告警的应急处理中，检测人员偶然发现传感器引出端线芯在未接电缆时存在80V左右的感应电压，检查其他点位发现感应电普遍存在，电压为70~120V。而带电检测人员每次进行带电检测工作，需要拆接电缆，这对人员本身构成了潜在危害，同时当传感器引出端线芯与同轴电缆接触不良时，产生的感应电本身还有可能造成信号干扰，导致误告警情况，影响在线设备正常运行。因此，需要一种装置使得拆卸电缆后，传感器出口悬浮时不会产生感应电，以保护作业人员安全；电缆接回后，不影响原有在线装置正常功能。本项目研制的特高频传感器防感应电装置便可实现这些目的。

二、创新点

　　防感应电装置上下两端采用N-F接口和N-M接口，安装于GIS设备特高频传感器出口与在线监测同轴传输电缆之间，结构小巧，拆卸方便，安装完成后与原有装置浑然一体，可快速完成对原有特高频在线装置的改装。防感应电装置结构如图1所示。

图 1　防感应电装置结构

根据现场传感器出口线芯感应电压（70~120V）的大小，通过测算在高频接头内芯与金属外壁间采用 50Ω 电阻相连接，装置内芯上下端分别连接传感器出口线芯和在线监测同轴电缆。正常工作时，高频信号导通，阻值远小于所安装接触电阻，高频信号几无衰减；拆除在线同轴电缆时，防感应电装置悬浮，内芯通过 50Ω 接触电阻与接地金属外壁形成通路，起到抑制感应电压形成、保护运维试验人员安全的作用。此外，防感应电装置可有效避免因传输电缆与传感器出口线芯接触不良，感应电所引起的特高频信号的误报现象，增加了装置的可靠性。

防感应电装置适宜在类似线芯连接处存在感应电压的装置进行安装，如内置特高频传感器出口，可有效降低感应电对设备及人身的危害。

防感应电装置创新点：

（1）结构小巧，与原有线缆结合紧密。该防感应电装置内外层同轴布置，提高了有限空间的利用率，结构紧凑，易于布置在原有保护波纹管之中，实现无损加装。

（2）采用优质固态电阻，可精确计算电阻大小。消除感应电的同时，将对原有特高频信号的影响降到最小，不影响原有信号的采集和分析。

三、应用效果

防感应电装置已应用于冀北检修公司下辖 1000kV 特高压廊坊站 1000kVGIS 设备全部 180 个内置特高频传感器出口处。已于 2018 年 3 月完成安装，安装简单快捷。

首先，对数个内置传感器安装前后的信号分别进行测试，经验证同一传感器同一时间段的图谱、幅值均未发生变化，表明防感应电装置的加入未对原装置的正常运行产生影响，保证了原装置的正确可靠性。

其次，安装防感应电装置后，出口线芯处原 70~120V 的感应电压降至 0，有效抑制了感应电的产生，有效避免了检测人员拆除在线监测同轴传输电缆后连接试验仪器时误触传感器引出端线芯造成的感应电伤害。

防感应电装置安装完成后，未发生过因为接触不良产生感应电引起的特高频局部放电监测装置误告警情况，避免了人力物力的浪费，同时未发生一起感应电伤人事故，日常带电监测工作的安全性大幅提高，达到了预期的目标，提高了公司的经济效益。

四、推广前景

在线监测技术的应用将会越来越广泛，尤其随着特高压输电技术的发展，特高压站数量的增加，类似的内置式特高频传感器越来越普及。因此防感应电装置可广泛应用于线芯连接处存在感应电压的装置，降低作业人员风险，提高装置可靠性，具有相当的推广意义。

隔离开关导电装置导流扩容

国网冀北电力有限公司检修分公司　　李秋实　董肇晖　吴凯悦

一、研制背景

隔离开关是一种主要用于隔离电源、倒闸操作、联通和切断小电流电路，无灭弧功能的开关器件。隔离开关在分位置时，触头间有符合规定要求的绝缘距离和明显的断开标志；在合位置时，能承载正常回路条件下的电流及在规定时间内异常条件（例如短路）下的电流的开关设备。隔离开关本身的工作原理及结构比较简单，但是由于使用量大，对工作可靠性的要求高，对变电站、电厂的设计、建立和安全运行影响均较大，只能在没有负荷电流的情况下分、合电路。

通过对多年现场隔离开关设备缺陷情况统计，发现隔离开关导电部位（触头、导电臂、导电带、导电盘等部位）发热缺陷为最常见的缺陷，此类缺陷一般需要将缺陷设备停电退出运行状态后处理，但伴随着电网运行方式的改变，不仅导致了部分电力负荷损失，也带来了电力系统运行不稳定的风险，不利于提升电力系统的整体供电可靠性。在此背景下，本项目对隔离开关导电装置导流扩容技术进行了研究。

二、创新点

（1）在上下导电臂之间加装了导电带，使电流通过导电带流通，而导电盘只起到转动连接的机械作用，避免了电化学作用下的氧化锈蚀，从根本上解决了因导电杆运动行程不够导致的夹紧力不足问题，解决了导电面积减小的问题。

（2）在触头部位加装引弧装置，合闸时不导电，合闸过程中先接触静触头，分闸过程中后离开静触头，起到保护触头的作用。

隔离开关导电装置导流扩容成果照片如图1所示。

图1 隔离开关导电装置导流扩容成果照片

三、应用效果

截止到 2017 年 12 月，已结合停电计划更换安定、霸州、房山等站的 GW11 型隔离开关（共计 44 组），经跟踪观察分析，目前运行良好，发热率为 0，达到预期目标，见表 1。

表 1 GW11 型隔离开关更换进度

变电站	调度号	完成时间	最大电流（A）	最高温度（℃）
霸州站	2213-2	2017 年 8 月	850	60
	2214-2	2017 年 9 月	343	35
	2201-2、2202-2、2203-2、2204-4	2017 年 7 月	503	52
	2223-2、2224-2	2017 年 8 月	941	66
安定站	2217-2-4、2219-2-4、2218-4、2220-2-4	2017 年 9 月	662	53
	2216-2-4、2246-4	2017 年 10 月	426	43
	2212-2-4、2213-2-4、2214-4、2215-2-4	2017 年 10 月	470	46
	2211-2-4	2017 年 11 月	366	37
	2228-2	2017 年 8 月	537	55
	225A-9、2224-2-4	2017 年 9 月	890	62

续表

变电站	调度号	完成时间	最大电流（A）	最高温度（℃）
万全站	2215-2	2017 年 9 月	523	53
	2219-2	2017 年 8 月	387	42
	2220-2	2017 年 9 月	513	46
	2246甲-4、224A-9	2017 年 9 月	741	58
顺义站	2223-2、2224-2	2017 年 10 月	562	48
房山站	2245乙-4、2244-4乙、224乙-9、2245乙-5、2255-5乙、225乙-9	2017 年 11 月	503	52

应用本成果后，减少因隔离开关发热而造成的停电负荷损失折合人民币约 471.9 万元每条线路，经济效益可观。具体计算方式如下：

避免因隔离开关发热而停电处理的平均负荷损失

$$29466.21MWh \div 24h \div 60min \times 255min=4604.1MWh$$

工业用电 1.5 元 /kWh，折合人民币

$$4604.1MWh \times 1.025 元 /kWh=471.9 万元$$

共计 122 组 GW11 型隔离开关，合计 42 条线路，节约费用

$$471.9 万元 \times 42=19819.8 万元$$

四、推广前景

本成果设计从隔离开关发热数据分析入手，寻找隔离开关发热原因，制定目标及方案，设计图纸，加工及装配零部件，进行机械及电气试验，最终成功应用于现场，解决了 GW11 型隔离开关发热问题。

加装导电带及辅助触头对比更换隔离开关来说成本低廉，一天即可加装完成，可以有效降低检修成本，缩短检修时间，具有很好的推广前景。

新型 GIS 回路电阻测试接头

国网冀北电力有限公司检修分公司　　肖怀硕　李秋实

一、研制背景

利用传统鳄嘴钳式回路电阻测试接头分别对 GIS 设备和敞开式断路器进行回路电阻测量，测试结果表明 GIS 设备断路器的回路电阻初值差普遍高于敞开式断路器，对 31 所变电站共 2293 组的回路电阻测试数据进行对比，结果如图 1 所示。

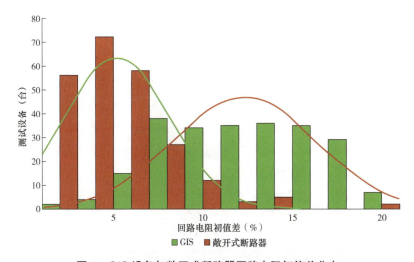

图 1　GIS 设备与敞开式断路器回路电阻初值差分布

由图 1 可以看出，敞开式断路器的回路电阻初值差集中分布在 5% 左右，而 GIS 设备的回路电阻初值差在 0~20% 之间都有分布，主要集中在 12% 左右，相较于敞开式断路器的回路电阻初值差大很多。

实际上 GIS 设备主回路部分处于封闭接地的金属壳体内，环境耐受能力强于敞开式断路器，其运行工况也优于敞开式断路器，初值差应小于敞开式断路器，而目前的试验数据与真实情况相悖。在对 GIS 设备进行开罐测量后发现，回路电阻值初值差小于未开罐的数据，与敞开式断路器初值差相当，说明目前的测量方法使 GIS 设备的回路电阻测量失真。

二、创新点

新型 GIS 设备回路电阻测试接头，主要适用于各类 GIS 设备的回路电阻测量工作，以增加测量位置接触面积为首要目的，并充分利用 GIS 设备固有结构，考虑到不同 GIS 具有不同的螺栓数量与孔距，尽可能地适用于多种 GIS 设备类型，降低测量过程的不稳定性，提升测量结果的准确度。主要创新点有：

（1）接触部位采用具有良好导电性能的铜制平板，利用 GIS 设备固有螺栓对平板接头进行压接，将固定螺孔改为长孔形制，以适应多种型号 GIS 设备的螺栓布置情况。

（2）为了降低作业人员工作强度，将电压接头与电流接头合二为一，并将电压接头置于平板内侧。测试接头的拆装手持部分采用与鳄鱼夹同等绝缘强度的绝缘材料，以保证操作的安全性。

三、应用效果

2019 年 6 月，在某 500kV 变电站对 GIS 设备进行回路电阻测试工作，如图 2 所示。经测试，新型回路电阻测试接头装拆便捷，多次拆接测量结果相同，测试结果的初值差维持在较低水平，此次试验数值低于上次试验数值。

图 2 利用平板型回路电阻测试接头进行测试

使用平板型回路电阻测试接头在张家口某 500kV 变电站进行了 GIS 设备回路电阻测试，改进后 GIS 设备回路电阻初值差分布如图 3 所示，由图可知，准确性得到很好保障，满足设定目标。

改进后，每组回路电阻测试平均耗时由 60min 降为 20min（见图 4），操作人员数量也由 3 人减至 2 人（见图 5），测试接头压接牢固，无需作业人员在旁监视和手扶，测试效率与安全性大大提高。同时也减少了因误诊断引起的开罐检查等一系列工作，避免了人力物力浪费。

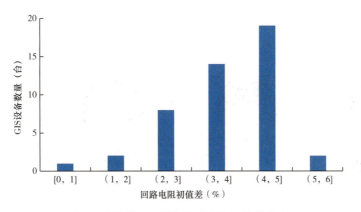

图 3　改进后 GIS 设备回路电阻初值差分布

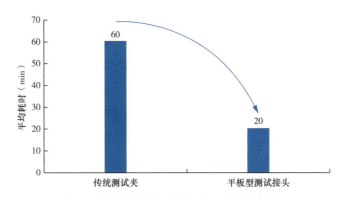

图 4　改进前后平均每组回路电阻测试耗时

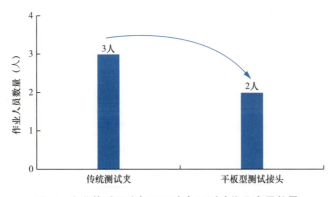

图 5　改进前后平均每组回路电阻测试作业人员数量

四、推广前景

新型回路电阻测试接头在多个变电站的 GIS 回路电阻测试表明，利用改进后的接头测量，准确性得到很大提升，满足设定目标，因此具有较高的推广价值。

全钒液流电池储液罐专用移动式检修平台

国网新源张家口风光储示范电站有限公司　　赵　燚　李　明　杨俊丰

一、研制背景

作为一种新型的、技术较为先进的储能方式，全钒液流电池储能已经在一些储能电站当中有所应用，但是由于应用时间短，所以其检修技术还不是特别成熟，尤其是储液罐的检修。储液罐是全钒液流电池储能系统的重要组成部分，一旦储液罐发生大面积漏液的情况，目前只能通过更换储液罐的方式来解决。储液罐体积庞大、质量较重，一旦出现储液罐损坏以后，更换工作特别困难。储能厂房建设初期，储液罐的安装工作由大型吊车作业完成，但是在运维时期，由于厂房预留的空间有限，使得大型吊车不能轻易进入厂房，即使可以进入厂房作业，也会对厂房原有环境造成破坏，这就亟需一种新型的拆装工具来代替大型吊车对储液罐进行更换作业。

通过广泛搜集、查阅拆装设备的相关文献资料，找到了一种专门用于装卸作用的器械——龙门吊，通过对该装卸设备进行调查、研究和借鉴，最终研制出了全钒液流电池储液罐专用移动式检修平台。

二、创新点

在已投运的全钒液流电池储能厂房中对储液罐进行检修更换，利用储液罐专用移动式检修平台，可以在不破坏厂房内部原有环境的情况下，对储液罐进行拆卸和安装。主要创新点在于：

（1）结构简单。由于储液罐周边空间有限，没有足够的空间将传统龙门吊放置在储液罐周边的地面上，所以采用了平板车及移动式吊装的组合形式。可以根据储液罐的尺寸、结构、相对位置，将平台门式支架直接固定在储液罐周边的栏杆上，对储液罐进行快速移动或就地检修，可大大减少支架所需空间，同时减少了大型吊车吊装储液罐的操作风险。

（2）不会破坏厂房原有环境。移动平台车有多组万向轮及锁定器，结合顶部可水平移动的吊具，可以灵活地根据环境将储液罐吊离原有位置至指定位置，避免了对原有环境的破坏。

（3）传统龙门吊起重臂可移动、可升长，搬运方便，但是储能厂房空间有限，起重臂没有足够的移动空间，移动式检修平台利用手动葫芦提升储液罐垂直移动，然后在储液罐底部加装滑轨，完成储液罐的移动工作，可降低作业空间的需求性。

（4）由于需要将储液罐搬运到厂房外部，所以整个平台加装了平板推车，平板推车与移动滑轨可连接。

三、应用效果

储液罐专用移动式检修平台已经成功应用于冀北风光储公司储能电站全钒液流电池储能系统储液罐的吊装过程中，整个更换过程十分顺利，更换过程中没有造成液流电池储能厂房原有环境的破坏，同时也没有发生机械伤害事故。最重要的一点是在储液罐更换作业过程中，没有发生人身伤亡事故，按照计划完成了储液罐的吊装更换工作。由于储能电站距离市县区域较远，所以利用大型吊车更换储液罐所需时间较长。与雇用大型吊车对储液罐进行更换吊装相比，储液罐专用移动式检修平台可大大节省储液罐的吊装更换时间。粗略计算，利用大型吊车更换单个储液罐，从雇用吊车到更换完成大概需要 8h，而利用移动式检修平台更换储液罐，整个过程的更换时间大概为2.5h，大大缩短了更换时间，提高了检修效率。也节省了雇用大型吊车的检修费用，同时由于储液罐提升采用的是手动或者电动葫芦，所以检修人员的工作量大大减少。整个储液罐更换过程的顺利实施，证明储液罐专用移动式检修平台可以很好地应用到大型全钒液流电池储能电站储液罐的更换工作当中。

全钒液流电池储液罐专用移动式检修平台应用现场如图 1 所示。

图 1　全钒液流电池储液罐专用移动式检修平台应用现场

四、推广前景

全钒液流电池是目前发展势头强劲的优秀绿色环保蓄电池之一,具有大功率、长寿命、安全性高、可深度大电流密度充放电等明显优势,已成为液流电池体系中主要的商用化发展方向之一。全钒液流电池的应用场景非常广泛,可以应用于新能源发电的调节、电网调峰调频、通信基站以及分布式电站方面,是未来大规模储能的主要电池类型。作为一种新型的技术先进的储能方式,由于其商用化时间较短,全钒液流电池储能目前还有一些缺点,主要是机械连接以及本体的一些先天性缺陷,比如说材料以及工艺方面就有着很多的不足,会发生类似电堆管路连接处以及个别储液罐渗液等情况,如果不采用新的材料以及工艺,那么这种情况就会一直存在。储液罐具有体积大、质量重的特点,如果发生储液罐渗漏液需要更换的情况,工程量会很大,这时移动式检修平台对于吊装类似储液罐这样的设备就显得尤为重要了。这种简易的移动式检修平台可以有效地提高工作效率,经济性高、简单实用、环境友好等,有较高推广价值,未来可以应用于全钒液流电池储能的运维检修当中。

第四部分

营销专业

Part 4

关口计量装置远程在线测试及故障自诊断技术

国网承德供电公司　　　　王艳芹　妙红英　李　蒙

一、研制背景

关口电能计量装置是发电、输电、供电单位及电力用户相互间进行电能贸易结算、考核相关技术经济指标的法定计量器具。计量装置的现场校验必须严格按 DL/T 448—2016《电能计量装置技术管理规程》规定的周期执行，保证计量装置的准确性。传统的现场周期校验一直采用人工现场校验，存在工作量大、校验周期固定、受实际二次负荷和天气因素影响等问题，导致计量装置异常无法及时发现。目前智能计量技术不断发展，但计量装置运行状况实时监控手段相对落后，无法实现远程在线监控。本项目拟结合关口电能计量装置的应用及管理现状，探索开展电能计量装置远程在线校验和故障诊断方法研究。

二、创新点

（1）高精度高速率现场波形采样。可以做到 24 位采样，可实现最高 320 点每周波的高速采样，确保整个电流量程范围内的数字信号精度，解决现场标准比对难题。

（2）能进行海量波形数据传输，实现与电能表脉冲同步机制，叮自动调整采样频率，提升校验准确度。

（3）关口电能计量装置在线监测采用硬盘存储缓存，以确保数据完整性。

（4）应用计量装置故障远程自动实时图像化传输处理技术，实现了计量装置故障精准判断，极大提高了计量装置故障处理效率，有效排除了计量装置隐患。

（5）故障信息获取和诊断技术。当系统检测到电能计量装置运行故障后，启动视频监控系统，摄像头焦距延伸到关口电能表关键部位，采集原始数据并实时上传数据至主站，主站通过图像比对功能，分析故障现象和故障原因。借助主站强大的计算能力，提供典型非线性负荷特性的电能计量算法及电能计量装置故障状态分析模型，可以对关口电能计量装置的三相平衡问题、误差超差问题等进行准确判断，对大量分散在各处关口的电能表自动远程校验及运行状态进行质量监测，从而切实提升关口电能计量装置的远程在线校验和故障诊断管理水平。

（6）合理地对关口电能表建立一种预知性的运行维护方式，能够及时准确地把握关口电能表的运行状态，避免两次校验之间电能表出现问题，并根据过去的运行数据分析其未来的运行状态，以确定最佳检定时机，同时大数据分析结果可以为其他专业提供数据支撑。

关口计量装置远程在线测试及故障自诊断装置如图1所示。电能计量装置远程校验监测系统界面如图2所示。

图1　关口计量装置远程在线测试及故障自诊断装置

图2　电能计量装置远程校验监测系统界面

三、应用效果

通过现场实际应用，实现了对大量分散在各处关口的电能表自动远程校验及运行状态的监测；促进了关口计量装置现场校验及异常处理工作效率大幅提升；实现了现场故障隐患的主动监测及故障现象的精准判断。现场故障处理发生了质的变化，由多次往返转变为一次解决，通过对故障远程监测与分析，准确确定解决方案，现场人员远程或现场一次解决，有效提升了故障处理及时率和准确率，尤其是偏远山区，现场校验和异常处理工作效率显著提升。

关口计量装置远程在线测试及故障自诊断技术应用结果如图3所示。

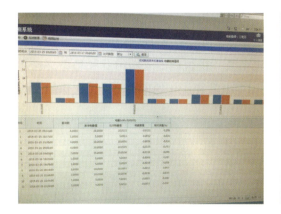 

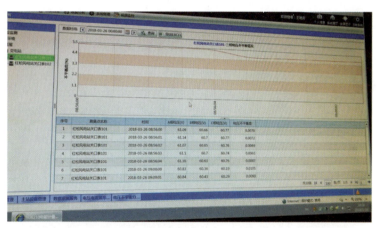

图3 关口计量装置远程在线测试及故障自诊断技术应用结果

本项目的应用，实现了偏远地区关口计量装置远程在线测试及故障诊断、现场校验，节省校验时间30%以上，极大减少了现场工作人员的工作压力，解决了恶劣条件下去偏远山区现场校验的安全问题。

本项目在现场应用13个月，覆盖5个偏远地区变电站112个计量点，累计处理关口表失压3次，失流4次，电池欠压1次，显示异常6次，系统自恢复8次，表计超差7次，现场精准处理6次，实际换表1次，有效减少了往返现场频次，避免了电量损失多达839.5万kWh，约合人民币604万元。粗略计算，一年节约运输及人工成本约 56.85 万元。

四、推广前景

本项目已取得成果包括发表核心期刊论文 1 篇，实用新型专利 2 项，发明专利 1 项。所研究内容及相应成果具有广阔的应用前景，可以广泛应用到各省计量中心和地市级运检部门，提高现场运维效率，提升整体的理论和业务水平。本项目有利于提高电网的电能精细化管理；有利于提高关口电能计量装置的综合管理系统水平；能够实现对电能表的远程状态监测，对电能表建立预知性的维护方式；能有效解决人员少、校验任务繁重、工作路途偏远、现场工作环境恶劣等一系列工作难题；安排工作合理高效，现场工作情况一目了然，极大提高了工作安全系数；是智能变电站的发展趋势，也是属于"互联网 +"的新型科技方式，对供电公司变电站智能化的推进具有重大作用。

电能计量资产移动智慧盘点应用

国网冀北电力有限公司营销服务中心　　刘　影　张　威　彭鑫霞

一、研制背景

　　库房盘点是计量资产管理的一项重要工作，受制于基层计量库房技术条件，计量资产库房盘点仍然主要通过人工扫码方式进行。盘点过程需要人工摆放被扫描表计，逐只进行条码扫描；扫描完成后再将扫描结果与信息系统设备台账进行人工比对。盘点工作效率低下，数据准确性差，也无法对盘点工作进度和质量进行管控。目前，电能表、采集设备及低压电流互感器均内置了基于射频识别技术的电子便签，为实现移动盘点奠定了技术基础。

二、创新点

　　计量资产移动智慧盘点系统，依托射频识别物联网技术及移动网络技术实现计量资产移动智能盘点和核查，配合现场作业终端和超高频射频识别外设，实现了盘点任务自动获取、作业流程标准化设计、结果自动反馈、盘点报告自动生成、盘点异常跟踪处理，大幅提升了库房盘点效率，提高了账卡物一致性。

　　（1）盘点流程闭环管理。具备盘点任务自动生成、盘点结果自动分析、盘点报告自动生成、异常跟踪处理等功能。解决了盘点作业中存在的人为操作准确性低、数据无法追溯、异常处理久拖不决等问题。

　　（2）电能计量库房数据快速采集及管理。利用射频识别技术实现对电能计量库房现场实物信息快速采集，通过移动网络将采集到的信息自动上传至电力信息内网服务器，并在服务器中实现数据的管理，切实解决了使用有线或无线扫描设备的传统数据采集方式时必须连接计算机、无法实时获取盘点结果等问题。

　　（3）单一资产精准定位。通过采集到射频信号强弱，实现对现场单一设备实物快速定位，解决了原来在大量设备中寻找单一设备时无从下手、工作量巨大的问题，有效减少了工作量，提高了工作效率。

　　电能计量资产移动智慧盘点系统如图1所示。

图1　电能计量资产移动智慧盘点系统

三、应用效果

计量资产移动智慧盘点系统已在国网冀北公司 53 个二级直配库房全面应用，提升计量资产的账实一致率达到 99.57%，总体库存压缩率 24.98%，为盘活积压的计量资产、提升物资周转效率提供了技术支撑。盘点 10000 只库存表计，仅需 1~2 人，用时 40min 左右即可完成，较传统扫码枪盘点模式减少用工 7~9 人，节约时间约 11h，盘点效率提升约 23 倍。

电能计量资产移动智慧盘点系统应用现场如图 2 所示。

图2　电能计量资产移动智慧盘点系统现场照片

四、推广前景

当前，射频识别技术在电能表、采集设备等各类计量资产上已广泛应用；作为盘点主要工具的计量现场作业终端也实现了台区经理全配置，电能计量资产移动智慧盘点系统已具备推广条件。计量资产移动智慧盘点系统已通过安全测试，符合信息安全要求，数据结构和接口符合现有营销信息系统标准化设计规范。计量资产移动智慧盘点系统易用性强，效率较传统盘点方式提升 23 倍，可在各省电力公司计量资产库房推广应用。

集中器远程调试装置

国网张家口供电公司　　姚立东　周学斌

一、研制背景

在采集运维工作过程中，按照工作安排，通常是两人为一个调试小组，一人操作，一人监护。在调试过程中，尤其是户表调试检查时，两人需要在户表表计与台区集中器之间来回走动，碰到户表与集中器距离过远的情况时，浪费了大量的时间，降低了工作效率。如果两人分别在集中器与户表下工作，则会造成沟通不便，更重要的是两人均会失去监护，不符合安全工作规程的规定。

根据工作日志所记录的情况来看，在调试低压集中器时，地面作业仅占20%，无论是登杆作业还是登梯作业，都属于高处作业，而调试一台集中器需要时间10min以上，存在一定的安全隐患。

本项目研制的集中器远程调试装置（见图1），可解决上述问题。

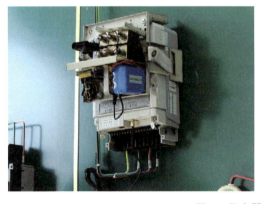

图1　集中器远程调试装置

二、创新点

（1）通过四个模块的设计和整体组装，实现了对集中器的远程调试，目前市面上无类似装置。

（2）按键模块。为实现体积较大的电磁铁对较小范围内按键的精准控制与按压，利用了杠杆原理，在按键与电磁铁之间增加一个压板，通过电磁铁击打压板间接按动集中器按键，如图2所示。

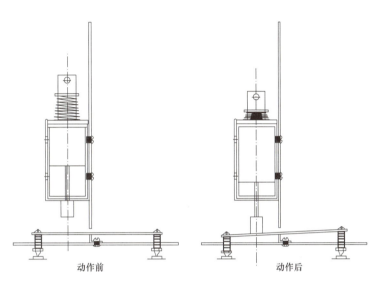

动作前　　　　　　　　　　动作后

图2　按键动作示意图

（3）固定方式。使用三面（上、左、右）挡板对装置在集中器上进行定位，实现按键的精准覆盖；采用皮筋在装置两侧与集中器相连，更加方便快捷、牢固稳定。

（4）可以与手机互动，通过手机实时显示被调试设备的状态信息（见图3），装置上不需增加显示屏，节省了成本，且方便携带。通过手机与摄像头相连接，在无线传输的基础上保障了视频的清晰，极大地方便了工作人员使用。

图3　装置与手机互动

集中器远程调试装置在使用时，由现场调试人员将其牢固安装在集中器上后，按动遥控器按键，无线电发射器发出信号。集中器远程调试装置上的无线电接收器接收信号后，给控制芯片输出一个高电平，控制芯片控制相应的继电器线圈通电，电磁继电器吸合，继电器动合触点接通回路闭合，电磁铁通电动作，敲击集中器按键动作，实现对集中器的控制。集中器画面显示对应动作的反馈，由网络摄像头对画面进行采集，通过 WiFi 传输至手机 App，实时显示画面，实现相应动作的同步画面反馈，完成整个操作的闭环流程。

三、应用效果

本成果通过现场应用可以实现 500m 内集中器的远程调试，安装方便，平均安装时长不超过 1min，视频反馈同步效果好，画面清晰。

本成果具有体积小、定位准、操作便捷、实用性强等优点，利用定位挡板以及调节螺栓可以实现不同集中器的精准定位操作，具有推广性。本成果设计完成后，由国网蔚县供电公司进行推广应用，由于尚未形成批量标准化生产，目前在现场应用实物有两套，主要由计量班采集运维人员和供电所采集运维人员使用。经过实际应用后，每个调试小组每日调试电能表数由 11 块提升至 27 块，每日调试集中器数由 3 块提升至 9 块，工作效率得到了明显提升。

利用本成果可以对集中器和终端进行远距离调试，可以减少现场作业人员高处作业时间，降低现场作业风险，杜绝采集户表调试过程中的安全隐患，同时可以大幅度提高采集调试的工作效率，实现采集设备的自动化调试。

四、推广前景

本成果已于 2019 年 9 月 24 日取得国家实用新型专利（专利号：ZL 201822146974.7）。

本成果目前主要应用于计量专业采集运维现场作业领域，在用电信息采集系统主要用于电力用户用电信息（包括但不限于电能表示值信息、曲线信息、用电异常信息）的采集，以及高速宽带电力线载波通信（HPLC）的推广和深化应用。

经过前期应用，本成果可大幅提升现场采集运维人员的工作效率，降低安全隐患，可将本成果批量化标准化生产后，作为日常采集调试工器具下发至公司每一个基层单位和部门。因此本成果的应用前景非常广阔，应用场合包括所有计量专业和每一个基层供电所，对供电企业工作效率以及安全生产隐形方面的收益也将会提到一个新的高度。

后期如果按照不同的工作需求进行改造，本成果可能应用于配电检修、变电运维、变电检修等领域。

自恢复过欠压保护智能漏电断路器

国网秦皇岛供电公司　　尹海峰

一、研制背景

在配网日常工作中，低压人身触电事故时有发生，存在以下问题：单相漏电断路器安装运行率不高，单相漏电断路器只有三级，漏电断路器技术参数不合理、没有阶梯性、不科学。例如，发生漏电居民用户家中漏电断路器不动作，计量箱漏电断路器先动作或楼道漏电断路器先动作，停电面积扩大，漏电断路器安装率不高。

在配网低压管理日常工作中发现，基层单位普遍存在因电压质量导致过欠电压而引起居民家用电器损坏的事故，用户索赔以及居民用户投诉纠纷频发。为减少此类事故的发生，避免电压质量引发的电器损坏事故，本项目研发了二级单相漏电智能断路器，附加自恢复过欠压功能。

根据国家电网公司触电防治工作要求及国网运检部下发的《触电人身伤害案件压降实施方案》规定，科学严谨地提出计量箱单相二级漏电断路器的理念，国内单相漏电断路器还没有任何技术分级可借鉴，本项目理论联系实际，研发了自恢复过欠压保护智能漏电断路器（见图1）。

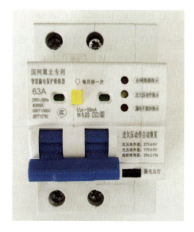

图1　自恢复过欠压智能漏电断路器实物

二、创新点

（1）提高了现有单相漏电断路器的精准性，具有独特的阶梯分级功能。单相二级漏电断路器，漏电电流和时间配合实现了漏电分级功能，与居民用户常规的三级单相漏电断路器分级配合使用。居民用户与电网漏电分级应用，共同进行人身触电防治。

国家电网公司提出了单相二级漏电断路器管理方案，国内无经验可借鉴，本项目的分级功能为国内单相二级漏电断路器提供了思路。

（2）附加自恢复过欠压功能。在配网低压管理日常工作中发现，因电压质量过欠电压而损毁低压电器的事故时有发生。例如，三相四线制线路的中性线断线，中性线与相线互碰等，电力运行事故造成过电压等劣化，引起居民家用电器损坏，导致用户索赔以及居民用户投诉和纠纷频发。为避免此类事故发生，本项目研制的二级单相漏电智能断路器中附加了自恢复过欠压功能。

（3）在智能漏电断路器产品中引入创新管理功能。自恢复过欠压智能漏电断路器是一款漏电技术与电网漏电管理融合的产品，增加了漏电检修与漏电运行开关，化解了低压居民漏电断路器与国内居民低压用电器质量参差不齐之间的矛盾，产品增加了漏电检修与漏电运行、漏电指示灯等功能，提升了安装可靠率，方便了漏电检修，有效防止了低压人身触电事故发生。

三、应用效果

在冀北电科院巨汉基博士团队的大力支持和帮助下，研发了该专利产品的检测设备，科学严谨地完成了专利检测（见图2）。国网卢龙县供电公司积极进行挂网试验，根据产品实际情况选定试验点，在居民用户中安装了几十只自恢复过欠压智能漏电断路器，为落实触电防治创新工作奠定了基础。

通过居民用户挂网试验，因自恢复过欠压智能漏电断路器的主要功能为二级单相漏电，从管理上分清了漏电责任，在以后的居民用电合同中，可明确用户安装三级单相漏电断路器（直接接触保护），电网产权的电能表下的二级漏电保护为后备保护，提升了单相漏电断路器安装的普及率，减小于居民触电概率，防止了接触电流而引起的电气火灾事故的发生，降低了安全风险，提高了经济效益。

改造安装范围内，未发生居民单相电器烧毁事故，避免了赔偿工作，减少了经济损失，同时提高了电能质量，减少了居民用户投诉，提高了优质服务水平。

自恢复过欠压保护智能漏电断路器应用现场如图3所示。

图2 冀北电科院巨汉基博士团队进行检测

图3 自恢复过欠压保护智能漏电断路器应用现场

四、推广前景

自恢复过欠压保护智能漏电断路器适合在电网低压单相配电线路中全面推广，特别适合在低压电表箱内普及安装。通过不断完善产品功能，能更有效地减少低压居民触电事故的发生，避免低压电能质量引起的烧毁电器事故，从而提高低压电网安全及优质服务，提高经济效益。

电动汽车充电站智能泊车一体化系统

国网承德供电公司　　李文军　　丁慧靓　　刘丽娜

一、研制背景

随着国家新能源汽车推广力度不断加大，全社会电动汽车呈现快速增长趋势，与之配套的电动汽车充电站也在加快建设。国家电网公司对京津冀鲁、长三角地区充电设施建设给予了高度重视，积极推动电动汽车充换电站大规模布局、建设。城市快充站、高速公路快充站建设计划也大幅增加。

然而，充电站建成后却未能发挥出应有的作用，由于车位紧张，加之经常出现充电站的充电车位停放燃油汽车的现象，让原本为了方便电动汽车而建设的充电站，变成免费"停车场"。这种现象严重影响了充电设施的正常使用，给电动汽车充电造成极大不便，在一定程度上制约了新能源汽车的发展，不利于国家电网公司充电站服务品牌建设和社会责任传播。

如何加强充电站管理，保障充电设施有效发挥作用，提升充电站服务品质成为当前面临的挑战和亟待解决的问题。国网承德供电公司坚持"以客户为中心"的服务理念，按照无人值守智能充电站的功能业务要求，基于物联网平台、移动互联网、大数据和云计算等技术，研发应用了电动汽车充电站智能泊车一体化系统，构建了绿色、开放、智能、互动的电动汽车充电站管理模式。

采用智能泊车一体化系统的电动汽车充电站如图1所示。

图1　采用智能泊车一体化系统的电动汽车充电站

二、创新点

（1）自动识别。车辆驶入充电车位，摄像头捕获并采集车辆信息，将信息和视频画面发送至后台系统管理中心进行识别，识别成功后，系统发送降锁指令，车位锁自动降落。

（2）自动控制。车辆驶离充电车位，地锁装置感应车位上方无车辆且无线地磁检测终端感知到车辆离开安全距离后，系统下达升锁指令，自动控制车位锁升起。

（3）智能监控。系统支持区域入侵、徘徊等行为侦测，实时采集并智能筛选图像信息，自动将异常情况反馈到管理中心。同时，智能监控系统还包括云平台接入、充电站管理、数据查询统计等功能模块。

三、应用效果

（1）经济效益。国网承德供电公司共运行充电站 97 座，运维管理人员约 25 人。使用该系统，节省人工约 10 人。按每人每月 3000 元工资计算，一年节省人员工资开支为 $10 \times 3000 \times 12 = 36$ 万元。同时，该系统规范了充电站管理和充电设备使用，提高了充电效率，增加了充电次数和充电量。一年节省设施维护费用约 5 万元，增收充电金额约 10 万元。

综上，本成果每年为国网承德供电公司带来经济效益约 50 万元。

（2）管理效益。破解了充电站管理难题，实现由人工管理向智能化、网络化管理的转变，减轻工作人员劳动强度，提高了工作效率，降低了人工服务风险，提升了充电站运营管理和优质服务水平，打造了创新、高效、诚信、共赢的国家电网充电站服务品牌。

（3）社会效益。维护了正常的充电秩序，为电动汽车充电服务提供了有力保障，在一定程度上推动了新能源汽车发展，促进了国家节能减排、环境治理，展现了国家电网有限公司良好的社会责任形象。同时，充电站智能、互动的停车体验，促进了智慧城市建设，进一步推动了全社会现代化、自动化、智能化水平提升。

电动汽车充电站智能泊车一体化系统应用场景如图 2 所示。

图 2　电动汽车充电站智能泊车一体化系统应用场景

四、推广前景

本成果能够有效解决电动汽车等新能源汽车领域的难点、热点问题，可操作性、可复制性和可推广性很强，能够在国家电网公司系统内外进行推广应用，推广借鉴价值和应用前景十分可观。

电能表动态计量性能评估方法及系统

国网冀北电力有限公司营销服务中心　　袁瑞铭　姜振宇　郭　皎

一、研制背景

近年来我国在清洁能源代替化石能源、电气化高铁代替内燃机车、电锅炉代替燃煤锅炉等方面取得显著成效。然而清洁能源输出功率具有较强的不确定性、间歇性和随机波动性，动态负荷电流呈现出复杂的快速随机波动特性，都可能会影响电能的准确计量。仅我国重工业与交通领域，1% 的电能计量误差每年可能造成几十亿元的经济损失。

智能电网各环节的电能准确计量，将确保电能交易公平公正及优质客户服务，有力保障国计民生及支撑国家"绿色发展"战略实施。电能表作为国家法定计量器具和贸易结算专用仪表（全国已累计在运 5.8 亿只），长久以来误差测试都是在稳态功率条件下进行的，目前有关电能表的各类技术标准和检定规程都不包含动态功率（负载快速变换）条件下的准确度试验项目和方法。在稳态功率条件下检定合格的电能表，在动态负荷条件下可能会出现较大的计量误差，造成经济损失。

为了解决这些问题，减少经济损失，本项目对电能表动态误差测试装置进行了研究。

二、创新点

本项目从特性分析、模型建立、装置研制、试验验证等方面开展研究，首先提取影响电能表动态误差的关键特征量，实现对负荷快速随机动态变化特性的有效描述；其次采用能量逼近方法，建立 m 序列伪随机压缩感知动态测试信号模型；再次研制动态负荷模拟信号发生器，研究电能表动态误差测试方法，搭建动态误差测试系统，实现动态测试信号电能量值溯源至现行稳态电能量值；最后开展电能表动态误差测试及计量性能评估。主要技术创新如下：

（1）研究提出影响电能表动态误差的 6 个确定性和 5 个随机性关键特征量，可实现对负荷快速随机动态变化特性的有效描述。

（2）研究提出 m 序列调制的伪随机压缩感知动态测试信号模型，幅度具有伪随机变化特性，游程长度符合正态分布，可解决电能表动态测试信号模型不能反映负荷快速随机变化特性的难题。

（3）研究提出一种可溯源至稳态电能量值的电能表动态误差测试方法，搭建动态误差测试系统，可实现电能表动态误差测试。

（4）研究揭示电流通道PGA（可编程增益放大器）响应时间、功率低通滤波器长度等是影响电能表动态误差的重要因素。

（5）研制电能计量芯片测试装置，可实现参数动态设置、输出功率实时比较，为改进提升芯片的动态计量性能提供技术手段。

电能表动态误差测试装置如图1所示。

图 1　电能表动态误差测试装置

三、应用效果

本成果可广泛应用于涉及动态负荷与新能源的电力公司，以及用电客户、电能表及相关检测设备制造厂家、计量检测机构等，用于指导电能表优化设计选型，保证电能量值准确可靠，同时完善了计量设备质量评价体系，填补了国内外该领域技术空白。电能表动态误差测试装置应用场景如图2所示。

目前已授权专利20项（其中发明13项），出版专著1本，发表论文22篇（其中SCI收录2篇、EI收录9篇）。已在11家相关单位得到了实际应用，支撑开展适用于动态负荷用户的新型电能表开发销售、现场运维降本增效、电能表动态误差测试及性能评估等工作，产生经济效益11240万元。

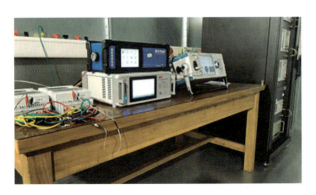

图 2　电能表动态误差测试装置应用场景

四、推广前景

本成果遵循"技术成果化、成果专利化、专利标准化、标准产业化"工作思路，已发布中国电机工程学会团体标准 1 项、报批国家电网有限公司企业标准 1 项、计划立项电力行业标准 1 项，国家标准、IEC 和 IEEE 国际标准正在执行立项程序。成果标准化将为行业全面推广应用奠定扎实的技术基础。

目前国内外下一代智能电能表，在技术标准中充分考虑并采纳了本成果研究内容，在试验项目中增加了测试方法并提出了具体的性能指标要求。本成果将可以直接应用于后续电能表及相关测试装置的研制开发、验收测试等。通过技术转让（专利实施许可），促进科技成果转化为现实生产力，助力企业运营提质增效，高质量支撑中国特色国际领先能源互联网企业建设，服务国家经济社会发展。

电能表封扣拆除器

国网张家口供电公司　　魏爱民　徐长海

一、研制背景

（1）背景分析。目前国家电网公司使用的 DDZY52-Z 型单相费控智能电能表和 FKGA23-KD100T23 型专变采集终端以及三相计费表封扣全部采用了专用圆形二维码封扣，这种封口的特点是小巧、二维码和编号直观、安装加封方便。目前因为计量装置需要实现 100% 召测率，表计轮换、采集模块更换模块等诸多工作均需打开表封进行工作。但是表计封扣采用工程用硬塑料制作，硬度高不易穿透，而且封扣是内扣倒牙成反刺状和表盖固定螺栓啮合，不能轻易取出，这给表计或召测模块更换工作带来了不便，影响了工作进程和质量。

（2）研究对策。一开始的思路是从封扣入手，考虑到传统封扣难以拆除的特点，在经济实惠、制作方便的前提下，研制出一种拔插方便的封扣。但这个想法和现有封扣相比较为复杂，在经济性和简便性上相差许多。于是从拆封扣的工具入手，对最常见的手钻进行钻头改进，寻找一种能够快速拆除内扣周围环状倒刺的方法。

二、创新点

电能表封扣拆除器的创新点为：

（1）电能表封扣拆除器是逆向牙齿刀口，切刀使用范围为工程塑料，是非金属材质，因此采用锋利刀刃。此刀可以刨除封扣环状倒刺，不会发生中间部分拆除了周围还卡在螺栓里面的情况，省时省力；同时还不会损坏表计，能够加快现场换表换模块的进度，减少低压台区居民停电时间，提高供电可靠性，减少工作量。

（2）开孔器内部安装十字螺丝刀，此组合专用工具为电力专业唯一使用的。

（3）采用的材料为高速钢开孔器，适用于不锈钢、合金板、工程塑料板，薄不锈钢板、304 不锈钢、薄硬钢板铁片铁板木板等各类管道。

（4）相较于传统工具，能够更快地解决此类专项问题，并且容易携带，经济实惠。

电能表封扣拆除器实物如图 1 所示。

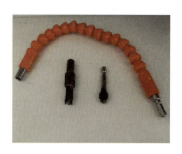

图1　电能表封扣拆除器实物

三、应用效果

电能表封扣拆除器研发成功后应用于换表换模块工作现场，解决了冬季寒冷季节换表换模块封扣硬度变强难以取出的难题，避免了对表计封盖的破坏，改善了工作人员的操作运行环节，减轻了施工压力和难度，降低了工作劳动强度，提升了工作速度，为提高召测率起到了良好的作用。

电能表封扣拆除器现场应用照片如图2所示。

图2　电能表封扣拆除器现场应用照片

对现场三个低压台区换表，一组采用新型电能表封扣拆除器，一组采用传统工具。换表时间均为8h，采用电能表封扣拆除器与采用传统工具相比，结果为：换表数量多100块；提升召测指标50%；直接节约台区经理和外勤工作人员工时16h，减轻了外勤工作人员压力。

四、推广前景

经过计算，一个电能表封扣拆除器的价格在 10 元以内，待工厂大规模量产后，价格还能继续降低。在全能型供电所建设中应用本成果可以让台区经理把更多时间投入到业务协同运作中；为实现人员一专多能提供了更多的学习时间，有助于提升品牌文化和优质服务水平。本成果可在表计、模块更换工作中推广应用。

基于大数据的线损诊断及反窃电系统

国网冀北电力有限公司技能培训中心　　石　盼　张合川　史　辉

一、研制背景

（1）线损率综合反映了电网规划设计、生产运行和经营管理水平，降损工作面临系统繁多、数据分散、统计口径不一致等实际问题。异常台区线损治理存在三个难点：一是台区线损范围比较广，线损治理工作量比较大；二是供电公司基层人员技术水平普遍偏低，缺少异常治理措施和手段，无法对复杂多样的线损问题进行排查，造成数据治理进度缓慢；三是由于现场线损问题比较多，问题分析不全面、不到位，线损波动频繁。

（2）用户窃电是造成台区线损的主要原因之一，窃电现象屡禁不绝，窃电范围广、人员多、数量大，并呈现职业化、智能化蔓延趋势，反窃电形势十分严峻。而供电公司的反窃电工作模式仍处于传统的人工化阶段，工作量大、效率低、成功率不高，远远不能满足公司可持续发展的要求。但随着智能电能表的快速推广应用及营销信息化、自动化水平的不断提升，为智能化、常态化开展高效精准的反窃电工作提供了有力的数据支持和技术支持。

本项目以用电信息采集系统和营销SG186系统的海量数据为基础，开发出基于大数据的线损诊断及反窃电系统（见图1），深入分析用户用电特征，实时监测用户用电

图1　基于大数据的线损诊断与反窃电系统登录界面

异常行为，帮助公司开展线损治理及反窃查违工作。

二、创新点

（1）应用大数据技术进行台区线损诊断。异常台区线损治理存在工作量大、数据复杂多样、分析不到位的痛点。该系统应用大数据技术，基于营销SG186系统与用电信息采集系统的海量数据，综合分析电力系统数据，根据线损诊断规则，精准分析台区线损异常成因，实现了线损异常问题诊断定位。

台区线损综合分析界面如图2所示。

图2　台区线损综合分析界面

（2）应用大数据技术进行反窃电预警分析。电力公司开展反窃电工作，通常靠人工排查，面多众多的电力用户、计量装置，现场检查窃电行为极其困难。该系统应用用电信息采集系统和营销SG186系统海量数据，对数据进行大数据分析，建立用户窃电行为大数据分析模型，多维度分析，精准识别疑似窃电用户，解决了目前人工进行反窃电监控、分析、排查工作量大、准确度低的问题，为一线用电检查及反窃电人员精准、高效开展反窃电分析和查处工作提供了可靠的技术支撑。

疑似窃电用户监测分析界面如图3所示。

（3）梳理出专家样本库并应用于反窃电系统。软件系统根据省供电公司的地域特点，集中地市供电公司工作多年的专家和技术能手，总结历史窃电案例、类型、手段，构建专家样本库，通过大数据技术反复训练，持续优化反窃电模型，提高反窃电系统的精准度。

（4）将小波神经网络算法应用于反窃电系统。通过对用户用电信息数据的处理和

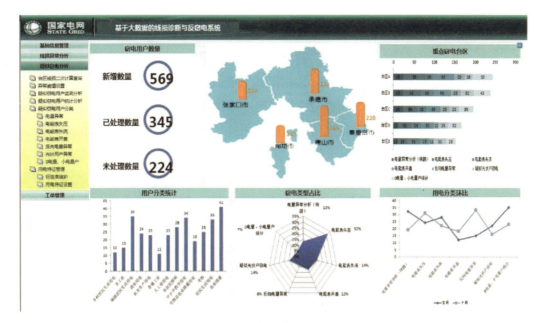

图 3　疑似窃电用户监测分析界面

分析，提取出相应指标来构建指标评价体系，利用小波神经网络在非线性映射领域的独特优势，将改进后的小波神经网络应用于反窃电系统中。

三、应用效果

2019 年，选取廊坊市广阳区客户服务中心、安次区客户服务中心以及永清县、霸州市、张家口涿鹿县等地区进行 2019 年用电数据分析，筛选出疑似用电异常用户 33 户，经现场逐一核查，其中 19 户确定为用电异常用户，分析准确率达到 57.5%。此基于大数据的线损诊断及反窃电系统为国网廊坊、张家口供电公司挽回经济损失 40 余万元。

线损诊断及反窃电系统应用现场如图 4 所示。

图 4　线损诊断及反窃电系统应用现场

四、推广前景

每年全国因治理线损问题耗费大量人力物力，因窃电损失电费高达几十亿元。国家电网公司每年的反窃查违指标也在逐年攀升，同时也在加大对窃电行为的打击力度。但是目前市场上很少有关于利用电力大数据技术来精准定位窃电用户的系统，即使存在相关系统，窃电定位精准度也比较低，而本项目开发的基于大数据的线损诊断及反窃电预警分析系统的精准度相对较高。全国有 30 余个省级供电公司，各个供电供公司均需要通过简单实用的系统来治理台区线损及精准反窃电。本成果首先将在国网冀北公司进行试用推广，在取得良好效果后，将在国家电网公司系统其他供电公司进行推广。

第五部分

信通专业

Part 5

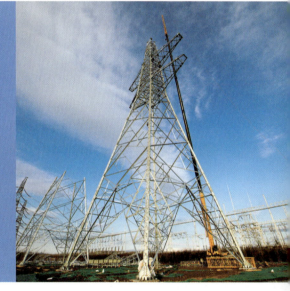

桥式 2M 线检测仪

国网承德供电公司　　李卫中　付薇薇　许金光

一、研制背景

现阶段光纤通信的普及，不论是电力通信行业的专网，还是电信运营商的公网，都需要现场进行大量的 2M 线的测试工作。通信专业中 2M 线制作是一项基础工作，不论日常的维护还是工程施工中都广泛涉及，特别是通信工程施工中，一个通信站建设可能需要制作几百甚至上千次 2M 线。在工作与实践中发现，2M 头（线）缆焊接后检测焊接质量（包括开路监测及短路监测两项内容）工作主要存在以下问题：

（1）检测过程需要使用万用表，检测人员不仅需要紧盯被检测 2M 头的检测点，还需要观察万用表指示，一个人完成比较困难，一般需要两个人配合完成。

（2）每次检测都需要使用万用表，2M 头接触面很小，检测工作对视力要求较高，而且要手稳，操作过程容易出现表笔勿碰芯线或屏蔽层的情况，引起工作人员误判断，导致重复焊接工作或因 2M 头（线）带病运而存在安全隐患。

二、创新点

桥式 2M 线检测仪一个人即可轻松操作，检测工作简单方便，对检测人员要求不高，年龄较大视力不好的人员也可以轻松完成，检测时只需要将被检测 2M 头（线）插入检测插孔打开相应开关即可。

桥式 2M 线检测仪设计了声、光告警两种方式，可以十分方便地判断 2M 头（线）焊接质量，完全取代了人手持万用表笔测量的方法，不会出现误判断。

2M 头检测插孔设计了多种常用标准接口，可以设计多种常用模式。

桥式 2M 线检测仪如图 1 所示。

图 1　桥式 2M 线检测仪

三、应用效果

桥式 2M 线检测仪研制成功后，2016 年应用于国网承德供电公司数据网切改、森园 220kV 站投运、110kV 寿王坟变电站机房改造，2017 年应用于国网承德供电公司 500kV 宽城变电站、220kV 柴河变电站等基建工程，还在国网冀北公司阿朗光传输网完善工程等工程项目中得到应用。据统计，现在一根 2M 线的检测工作，平均一个人只需要 10s 即可完成，相比以前 2 个人 20s 的工作效率提高了 400%，在人员紧张的情况下桥式 2M 线检测仪的优势更加明显。实践证明，本创新成果达到了预期效果，可以简单、快速判断出 2M 头焊接质量，节省了操作时间，提高了工作效率，降低了操作难度，具有很强的实用性。

桥式 2M 线检测仪实现了单人独立工作，不仅省时省力，而且更为安全。桥式 2M 线检测仪获得了国家级实用新型专利，并申报了国家级发明专利。

桥式 2M 线检测仪的应用如图 2 所示。

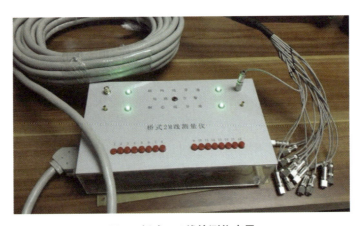

图 2　桥式 2M 线检测仪应用

四、推广前景

桥式 2M 线检测仪作为小型实用工具，操作简单，对人员要求不高，极大减轻了劳动强度，显著提高了工作效率。

桥式 2M 线检测仪成本低、体积小、携带方便，在户外和机房内均可使用。2M 头检测插孔可以设计多种常用模式，有多种常用标准接口，可在电力系统内通信、自动化等专业推广使用，也可向其他通信设备制造、通信设备维护等通信公司推广应用。

便携式 2M 焊接工具箱

国网承德供电公司　　张亦新　刘维朋　高　武

一、研制背景

由于通信故障的不确定性，在检修的过程中工作人员需要携带大量的检修维护工具，而焊接工作所需要的工具由于其体积小而且种类繁杂，新入职员工往往由于工作经验不足，不能面面俱到，会有遗落焊接工具的情况出现。在故障检修过程中，有时会因焊接工具未携带齐全，往返拿取工具，降低了工作效率。

在处理 2M 缺陷的时候，如果 2M 头需要重新制作焊接，焊接工作人员需要一手持 2M 头，一手持焊接设备，在保证 2M 头稳定的情况下完成焊接工作。但绝大多数新员工数焊接工作经验不足，手持 2M 头时会因紧张，或怕烙铁烫伤等原因导致手部抖动，致使 2M 头不稳，给焊接工作带来了很大不便，降低了焊接效率和焊接成功率。

所以为了解决上述问题，本项目提出了便携式 2M 焊接工具箱的想法，将 2M 焊接工具和辅助焊接平台整合在一起，通过整合焊接工器具和辅助降低焊接难度的办法，短时间内快速提升新员工 2M 焊接水平，降低因 2M 焊接导致的重要业务中断时间，提高工作效率，保证重要业务持续畅通。

二、创新点

便携式两兆焊接工具箱针对日常检修焊接工具携带不全的问题，提出了检修工器具整合的方法，在 2M 焊接工具辅助平台的上层设计了专用的焊接工器具储存空间，将体积小、种类繁杂的焊接工具整合在一起，这样就能够有效避免检修工作中遗落焊接工具的情况；由于存储空间密闭，还能避免工器具受潮，防止工具受过多光照而老化，从而延长其使用寿命。使用该便携式工具箱，检修人员在接到抢修任务时能够第一时间拎起工具箱直奔抢修现场，减少了整理检修工器具的时间，提升了响应速度，提高了工作效率。

2M 焊接操作台上安装了照明装置，能在光线不足的工作环境下为焊接操作提供可靠的照明，提升了焊接质量。

2M 焊接操作台上同时设置了 2 种不同型号的 6 个 2M 焊接支架，满足不同型号 2M 头的焊接固定，扩大了焊接平台使用范围。在 2M 焊接操作台的内部设置了延长电源线的存放空间，不必每次外出检修都携带电线轴。

便携式 2M 焊接工具箱如图 1 所示。

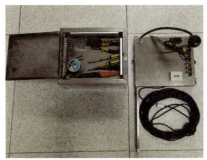

图 1　便携式 2M 焊接工具箱

三、应用效果

便携式 2M 焊接工具箱是根据工作人员现场工作实际所遇到的困难研制的创新型成果，针对性很强。经过现场多人操作测试，该工具操作简单，方便工作人员上手，且效率高，焊接成功率高，并可现场测试焊接质量，使用该工具焊接成功率可达到 99% 以上，而且大大节约了时间，完全满足作业要求。3 名班组成员针对 16 单元的数字配线单元（64 个两兆头）进行了传统 2M 焊接操作实验，每个人均进行了 22 次试验，焊接平均时间为 1min。经过新型 2M 头焊接装置现场使用检验，该工具效率高，质量轻，操作简便。

便携式 2M 焊接工具箱现场应用如图 2 所示。

本成果在一定程度上提高了工作人员的工作效率，节约了一定的经济成本，原来每焊接一个 2M 头需要 3min 减少到现在每个需要 1min，自初期投入使用的 3 个月内累计节约工作时间 600min，成功处理紧急抢修任务 20 余次，焊接成功率达到 99%。

图 2　便携式 2M 焊接工具箱现场应用

四、推广前景

便携式 2M 焊接工具箱是根据目前入职新员工较多、基层班组人员变动大的实际情况提出的创新型想法，其能够弥补新入职员工理论基础强而实际经验弱的不足，帮助新员工在短时间内快速掌握现场工作所需的焊接技术，并保证一定的工艺要求和焊接质量。使用该工具箱，明显降低了 2M 焊接的难度，缓解了新员工在焊接过程中的紧张情绪，增强其自信心，有利于其以后更好的工作和学习。

便携式 2M 焊接工具箱整体结构简单，实用功能强，操作方便，简单易学。新入职员工只需很短的时间便可熟练掌握此工具箱的使用方法，节省了大量的培训时间和培训材料，有助于更快更好地进入工作角色。未使用便携式 2M 焊接工具箱之前，新员工一般需要 80~100 次焊接练习才能基本掌握焊接方法，使用便携式 2M 焊接工具箱之后，一般只需要 30~50 次焊接练习就能基本掌握焊接方法，节约了培训成本。

综上所述，使用便携式 2M 焊接工具箱，有助于新员工快速掌握焊接技能，尽快进入工作状态，还节约了培训时间和培训成本，取到了显著的效果，极具推广价值。

电力通信作业掌上运维研究

国网冀北电力有限公司信息通信分公司　邢宁哲　于　然　于　蒙

一、研制背景

本成果针对现有电力通信现场运维在巡视检修、业务开通、故障处理等作业场景中，缺乏场景感知、信息推送、工单调度等自动化运维支撑技术的现状，试点结合电力通信管理系统（简称SG-TMS），利用物联网、移动互联、智能识别等技术提高电力通信现场运维的智能支撑能力，实现移动端与PC端业务流的交互，使得现场人员能通过移动终端获取实时数据、快速响应突发事件、及时处理流程工单、随时进行移动作业等，形成与SG-TMS业务互补，相互促进的协作关系，填补现场运维自动化支撑的空白。

电力通信作业掌上运维平台如图1所示。

图1　电力通信作业掌上运维平台

二、创新点

（1）遵循"一平台、一系统、多场景、微应用"技术路线，实现通信运维 App 与 SG-TMS 系统间资源台账共享，工单流程的集成与数据交互，将 SG-TMS 应用由调控侧、指挥侧延伸到运检侧、现场侧，实现了 SG-TMS 流程驱动的数据闭环管理，利用自动化手段实现了 SG-TMS 数据的更新。

（2）通过智能终端标准化作业的线上流转和智能分析，为通信现场运维标准化提供了信息化支撑手段。以巡视场景为例，总结出两个大类（周期巡视、特殊巡视）五个子类（春检、秋检、月度巡视、季度巡视、重大活动保障巡视），每类场景定制化巡视内容，运维记录按规则填写，资源数据进行及时更新，从而推动现场作业标准化。

（3）研发富媒体端到端交互系统，支持无线公网 / 专网传输，涵盖文字、语音、视频、文件传输的富媒体实时交互方式，实现了现场运维与后端网络管理中心及外部支撑单位的多方位互动。

（4）建立运行资料电子化管理体系，按站点、设备、方式等线索进行资料分类和管理，对资料进行电子化存储及建立索引，如对文档进行全文检索和快速搜索。通过版本管理技术，实现对文档的历史变更进行记录和回溯。按照不同角色进行读写授权，实现文档权限管理。通过对 PC、平板、手机等多种终端适配，支持在不同类型终端上进行查看管理。

三、应用效果

现场运维人员通过移动终端 App 扫描设备二维码标签，可在线调用 SG-TMS 台账资源，并获取配线链接信息；同时提供触屏式连接，完成配线信息的核对及修改工作，同步至 SG-TMS 中，使现场与 SG-TMS 台账图一致，从而提升了通信基础数据准确性。利用物联网、移动互联、智能识别等技术提高电力通信网现场运维的智能支撑和监控能力，能够实时、准确地掌握电力通信网现场运维作业的情况，加强智能支撑与管理水平，提升现场运维人员作业水平和现场运维作业整体管理水平。电力现场移动作业平台的使用提高了电力通信网管理的科学化、精细化水平，解决了现场运行维护工作量大、自动化支撑工具缺乏等问题。

电力通信作业掌上运维平台应用界面如图 2 所示。

图2　电力通信作业掌上运维平台应用界面

四、推广前景

　　电力通信移动作业掌上运维重点关注现场运维管理领域，实现通信现场运维端到端的全流程管理。试点将基于物联网和移动互联网的智能识别、移动数据实时传输技术引入到电力通信网现场运维，采用数字化存储手段实现运维作业指导书的规范化管理，并对现场运维提供多样化的远程指导，为电力通信网运维、远程支持、规范化管理和工作决策提供合理有效的辅助支撑，适合在国家电网公司范围内推广使用。

基于高级蜜罐技术的信息安全防护应用

国网冀北电力有限公司信息通信分公司　　来　骥　张实君　李　硕

一、研制背景

随着国网冀北公司信息化与网络安全防护的发展，对信息运维提出了新的更高的要求，需继续加大技防措施手段，整体筑高网络安全防护大坝，切实提升抵御网络安全威胁的能力。与此同时，随着信息化的发展，新型信息安全攻击方式层出不穷，正在发生天翻地覆的变化，黑客已熟练运用社会工程学、业务漏洞分析、管理模式漏洞研究等方式，与国网冀北公司已部署的业务系统相关信息进行关联，从中分析逻辑关系，寻找可乘之机，成功率很高，传统的蜜罐技术很容易被黑客发现是一个"陷阱"，进而被黑客放弃，从而失去防护意义。通过对蜜罐技术进行深入研究，结合公司实际的业务系统，对业务系统数据进行脱敏，构造一个业务系统真实但是数据却是无用的"蜜罐"，黑客将很难区分，从而可以很容易欺骗黑客，使黑客的注意力放在"傀儡机"上，黑客攻击蜜罐里面的系统，触发安全报警就会被安全管理员发现而加入黑名单，最终达到对真实业务系统的防护，从而提升整体网络安全防护能力。

二、创新点

设计一种基于差异化流量处理机制的蜜网（由多个蜜罐组成的模拟网络）系统，能够对来自传统防御系统和蜜网网关输出的数据进行格式化处理并存储，并根据本地分析端指令对存储的数据进行动态标记。通过系统内存储与控制服务器、二级网关蜜罐、本地分析端、高交互蜜罐及其他现有蜜网系统中的传统防御系统相结合，不仅能够有效收集各级别蜜罐中的样本执行记录，而且能够对现有蜜网中的传统防御系统和蜜网网关的数据进行格式化处理并存储，并对各结果数据进行标记，具体标记不限，包括黑白灰或者威胁等级；在此基础上通过数据标记不同将数据重定向至不同级别蜜罐，例如高交互蜜罐和初级蜜罐。

通过差异化流量处理机制能够有效提高蜜网系统对高级持续性威胁样本的捕获能力、分析能力、收集能力。同时将差异化流量处理机制与传统蜜网系统、传统防御系统进行结合，进而能够有效提高蜜网的主动防御能力。蜜网系统的差异化处理机制能够从负载处理能力及人工分析效率的角度，提高蜜罐的仿真能力和分析能力，进而提高高级威胁分析检出能力，以获得高质量的恶意流量的收集。再通过高质量恶意流量的样本收集实现精准的差异化处理。这样可从整体实现主动防御能力的获取与应用的良性循环，达到高效规避网络中主机的安全风险的技术效果。

蜜罐系统首页如图 1 所示。

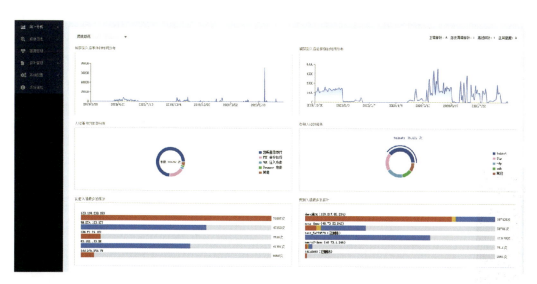

图 1　蜜罐系统首页

蜜罐管理界面如图 2 所示。

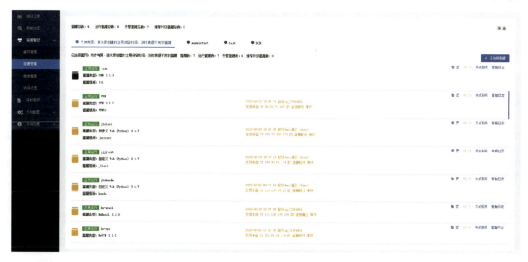

图 2　蜜罐管理界面

三、应用效果

将蜜罐系统应用到实际实验室和生产环境，选择了外网网站与电能服务管理平台作为高级蜜罐系统的应用典型案例，并部署一套高级蜜罐系统的管理中心，能够实现对多个业务系统蜜罐的管理。在每个蜜罐中的"诱饵"中安装一个轻量级的"诱饵"程序，能够监控外部黑客攻击的行为，并模拟真实的业务系统将虚假的信息反馈给黑客，从而达到欺骗黑客攻击的目的。

高级蜜罐技术的应用提高了国网冀北公司信息安全防御纵深，能够深入识别黑客内部攻击行为、延缓攻击时间、降低最小损失，保障国网冀北公司外网边界安全稳定。以外网网站为例，在特殊时期的保障期内累计发现上千次疑似攻击，包括一次APT（高级安全威胁）攻击，验证了高级蜜罐的实际防护效果。攻击者溯源界面如图3所示。

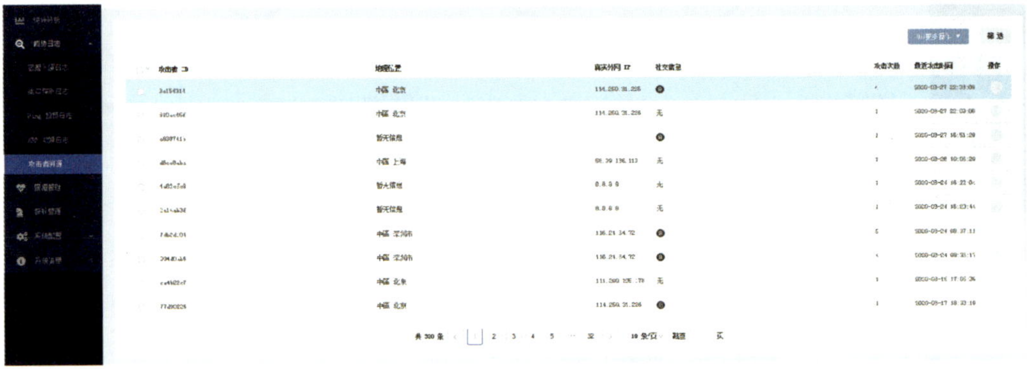

图3　攻击者溯源界面

国网冀北公司将传统蜜罐技术与现有业务系统结合，创新构建出一套基于业务系统个性化的信息安全防护应用。不同于防火墙等通用防护设备，蜜罐系统极大地提升了单个业务系统的高级防御能力，弥补完善了通用安全设备的不足，该系统可节约成本165万元/年。

四、推广前景

高级蜜罐技术可以在国网冀北公司核心的电力交易系统、财务系统、门户网站等地方应用，以保护这些核心资产的安全。例如在外网网站系统部署高级蜜罐系统，运用蜜罐技术，构建若干虚拟影子业务系统，在攻击入侵必经之路设置诱饵、蜜罐的方式，伪装隐藏攻击目标、实时变化虚拟拓扑结构、诱导转移攻击方向，黑客一旦对外网网站发起攻击，其攻击行为被蜜罐捕获，会自动化、智能化导流到蜜罐系统中，使得黑客的攻击行为被陷于一个可控的"傀儡机"，从而保护真实的外网网站系统。

　　高级蜜罐系统能够及时监测到被防护系统遭受黑客攻击的行为，在国网冀北公司网络中的终端、服务、数据等各个角落，构建出若干虚拟信息，扰乱攻击视线，混淆攻击目标，拖延攻击时间，无限增加攻击成本；并且拓扑结构是动态变化的，攻击者即使长时间多次入侵，也难以辨认真实目标，无从下手。引导黑客攻击的是国网冀北公司影子网络，可停止黑客所有威胁行为，也可以选择性地为黑客"放行"，以感知其攻击目的，黑客的所有行为都被实时监控，并被记录作为证据。蜜罐系统结合虚拟化技术，部署简单，防御效果良好，适合在国家电网公司范围内推广使用。

接入网终端状态分析小工具

国网冀北电力有限公司信息通信分公司　　　佟昆睿　吕海军　许鸿飞

一、研制背景

随着国家电网公司信息化建设的发展，智能电能表、移动充电桩、无人机巡检等业务迅猛发展，终端接入设备数量呈几何倍增长，终端接入网将迎来跨越式发展。而无线公网覆盖范围广，组网灵活、带宽高，从 3G、4G 到 5G 技术，无线公网在解决电力通信网"最后一公里"的问题上吸引了更多人的目光。

考虑到地形、成本等方面因素，目前有部分终端接入网业务采用无线公网的传输方式。不同于自建传输网络，国网冀北公司无法直接获取相关状态信息，且当信息传输出问题的时候业务部门只能通过询问运营商来确定，无法直接得知 SIM 卡的状态信息。如果是不同运营商，则更加大了问题的排查难度和排查时间。结合上述机遇与挑战，转变业务支撑模式，增强业务感知能力，为配用电业务的发展提供除通信通道保障以外的增值服务，是提升通信专业影响力的重要契机。

本成果主要是用于终端通信接入网中无线公网的物联网卡状态采集进行分析，对提升接入网运维管理水平，提高配用电业务支撑能力有着显著的意义。

二、创新点

本成果创新点主要是理念创新，变更终端接入网现在被动服务的理念，以积极奉献、主动服务的理念和技术能力为电网运行做出成绩，提升接入网运维管理水平，提高配用电业务支撑能力。

本成果利用运营商物联网平台，设计研发终端状态分析小工具，如图 1 所示。通过调用运营商物联网平台的接口数据，每天对公司的 SIM 卡流量、资费、状态、位置等信息进行提取。对 SIM 卡状态异常、流量异常等情况进行分析监视，并运用大数据分析决策，为用户提供流量套餐推荐。

序号		SIM卡号	运营商	业务类型	所属部门	所属区域	当月流量
1	☐	1064911771924	电信	负荷控制		张家口市	0.98/70
2	☐	1064911772404	电信	配电自动化		张家口市	1.28/70
3	☐	1064911777304	电信	配电自动化		张家口	0.54/70
4	☐	1064911780003	电信	配电自动化		张家口	2.04/70
5	☐	1064911780253	电信	配电自动化		张家口	1.50/70
6	☐	1064911780280	电信	配电自动化		张家口	1.97/70
7	☐	1064911780370	电信	配电自动化		张家口	1.95/70
8	☐	1064911780445	电信	配电自动化		张家口	0.72/70

图 1　接入网终端状态分析小工具

以接入网业务中的无人机巡检为例，无人机巡检主要应用于电力线与杆塔巡线、线路施工测绘等，通过地面控制站进行操控拍摄，完成图像的实时回传与快速拼接，实现复杂地形、恶劣环境下现场信息获取。其采用的通信方式是无线公网，是通过在无人机上安装 SIM 卡来实现。

三、应用效果

小工具不能监控无人机传递过来的数据，但是可以监控无人机上安装的 SIM 卡的信息，如无人机这个月用了 100MB 流量，而它的套餐为 80MB 流量的，那么每个月多出来的流量就要支付一笔很高的费用。利用这个小工具，可以清晰地监控到哪张 SIM 卡的流量超套餐了，通过数据分析，就可以为它选取更为合适的流量套餐，从而减少了资金浪费。通过关停零流量卡，为流量过低、过高的 SIM 卡选择合适的流量套餐，能够减少不必要的话费。假如 3 万余张 SIM 卡半年内流量使用处于远低于套餐流量状态，通过选取合适的流量套餐，初步计算每月可节省开支约 2 万元。

SIM 卡数量按运营商统计如图 2 所示。套餐使用流量统计如图 3 所示。

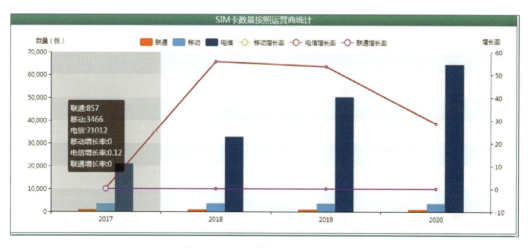

图 2　SIM 卡数量按运营商统计

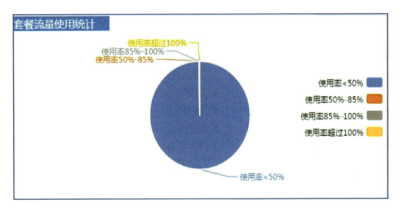

图3　套餐流量使用统计

四、推广前景

通过持续深化应用，与营销、自动化等业务部门深度合作，进一步挖掘一次部门在配用电侧的通信需求，对小工具的 SIM 卡接入数量、信息采集维度、信息采集频率、数据分析水平等多方面进行提升，进一步提升接入网的运维管理水平，提高对配用电业务的支撑能力。利用接入网终端状态分析小工具，不仅解决了无线公网终端状态信息无法直接获取的问题，还能够为配电自动化、用电信息采集等业务部门提供便携服务，更能拓展出新的运维工作模式和方法，减少不必要的开支，促进通信运维在终端接入网侧的创新和变革。

基于物联网的智能运检技术研究

国网冀北电力有限公司信息通信分公司　　　尚芳剑　李　信　王艺霏

一、研制背景

随着大云物移智等信通新技术的不断发展，物联网产业快速增长，正处于大爆发前的战略机遇期。电力物联网是国网冀北公司的一项重点工作，电力物联网将广泛应用电力生产、输送、消费、管理等环节，实现终端智能感知和信息高效传输，对于提升电网智能化水平、推动能源互联网建设具有重要意义。面向冬奥保电需求，开展微功率无线、WiFi、4G/5G等融合组网关键技术及应用研究，接入智能巡检机器人、智能可穿戴、移动作业终端等智能移动巡检终端，提升冬奥智能运检与应急指挥能力。

二、创新点

按照《国网冀北电力有限公司智慧物联体系 2019 年建设方案》工作部署，设计研发符合国网冀北公司需求的物联管理平台和边缘物联代理，选取典型巡检机器人和变电站现场业务进入物联网，验证物联网对业务的支撑作用。

传感大规模的拓展，数据采集需求爆发式增长，需要通过边缘物联代理集中汇集，降低感知成本。变电站存在温湿度、烟雾、视频、机器人等传感终端，建设边缘物联代理（见图 1），统一接入传感设备，降低网络通道及硬件成本。终端与终端之间增加互动，实现区域协同管理。边缘物联代理通过对变电站内的烟雾传感器监测，及时发现烟雾告警异常事件，动态调用站内相关区域摄像头进行告警异常确认，实现区域协同管理。通过边缘物联代理的远程维护功能，实现本体和接入终端的配置更新和在线监视，降低运维成本。

图1　边缘物联代理设备

系统部署，结合业务应用，建设电力物联网，主要是在场站侧部署SG-eIoT边缘物联代理、平台业务节点以及管理平台。边缘物联代理主要实现屏蔽底层网络差异实现多种终端泛在安全接入；接入至SG-eIoT平台主要实现设备端到端的连接管理及网络管理等功能，实现云雾一体化。利用边缘物联代理和平台雾节点，实现不同类型终端的泛在接入，采集、巡检数据的汇集，以及对终端、网络、业务的控制和管理。

三、应用效果

结合零碳冬奥的实际需求，在冀北张家口东山坡110kV变电站部署边缘物联代理，接入智能传感器和可穿戴设备等增量终端，实现区域协同管理，在智慧运检以及应急保障等领域试点接入需要通过边缘物联代理汇总并接入物联管理平台的终端。

应用边缘代理设备，有以下作用：实现异构业务终端的统一接入；实现数据的本地存储及基本处理功能，为边缘计算、安全、管控等模块提供基础数据；具备资源虚拟化分配、虚拟容器管理、终端管理等能力，支持远程加载业务应用App；具有高层协议解析、行为分析能力，并能对各区域各设备的多源信息进行自动检测、联合分析、就地处理等融合计算；提供安全策略管理、异常行为检测、通道非法监听和设备安全认证等能力保障。

应用边缘物理代理设备，实现冀北张家口东山坡变电站运检数据统一接入，支撑开放共享，基于数据中台进行数据融合、价值挖掘，全面加强大数据应用创新。面向能源互联网服务，增强大数据分析挖掘和增值变现能力，支撑大数据与业务活动深度融合，并基于平台的能力开放，实现第三方系统/平台之间的互操作，同时支持云端一体化处理，电力业务数据流、设备数据流、安全数据流的存储、管理、分析，实现"一次采集，处处使用"，充分支撑了电力物联网产业发展。

边缘物理代理应用成果如图2所示。

图2　边缘物联代理应用成果

四、推广前景

本成果主要内容为智慧物联体系的建设，包括边缘物联代理和物联管理平台产品的研发，以及典型业务应用场景的设计和实施。

终端侧，拓展各业务场景的感知深度和广度，覆盖电力输、变、配环节，并拓展新兴业务终端。边缘侧：针对不同需求部署多形态边缘物联代理，容器化搭载 App 应用，实现终端汇聚、数据采集和本地处理。平台侧，打破"烟囱"架构，实现设备统一接入、运营与管控，实现数据共享，并对接业务系统 / 数据中台。业务侧：基于人工智能进行数据融合、价值挖掘，各业务系统之间可实现数据共享。

智能运检是电力物联网应用的重要领域。随着智能电网快速建设，电网资产规模逐渐扩大，传统设备智能化及智能设备不断增加，国网冀北公司智能化运检需要适应"互联网＋"智能能源的发展方向，充分利用物联网等技术实现对电网设备的实时感知和全过程追踪，基于时空位置服务实现设备、人、车、物等资源的精准定位，基于实物 ID 实现设备的全面贯通，增强设备的状态管控力和穿透力，有效支撑电网设备安全运行和高效运检。因此，本成果具有较高的推广价值。

光缆熔接多环境移动操作平台

国网秦皇岛供电公司　　　王力军　徐　滨　张文忠

一、研制背景

进行光缆熔接时常遇到以下问题：

（1）雾霾天气下或粉尘较大的厂矿中，会造成熔接不上，产生气泡或裂纹，光衰较大光透度不够达不到要求。

（2）冬天在野外熔接光缆时由于天气寒冷，造成熔接机电池电压不足、容量降低，熔接数量减少。

（3）熔接机放电极精度较高，在傍晚、阴暗天气，或电缆沟槽内熔接光缆时，视线不清会造成放纤不到位，切割不准确，不能顺利熔接光纤。

（4）恶劣环境下，例如风沙太大、雨雪天气，不能进行熔接工作。

（5）在水坑、水田里、山坡土坡、丘陵地带不能很好地操作熔接机。

（6）在杆塔上接光缆时，站人平台面积较小，多人操作不安全。

二、创新点

光缆熔接多环境移动操作平台，是封闭式箱体操作平台，内置光缆熔接机、切割机。箱体内部设计了熔接机固定位置、切割机位置、光纤悬挂位置、LED 无影灯、充电器等。外部设计了两侧光缆托架、器具材料平台、两侧搬运扶手（托架利用）、防尘密封刷，顶部设计了透明箱盖、放大镜、电源控制开关，前后设计了背带扣和背带，底部设计了折叠式升降支架。其主要创新点：

（1）在粉尘较大的环境中采用箱体式密闭空间内熔接操作，解决了防尘环境不能熔接光缆的问题。

（2）采用环形无影灯照明方式，解决了黑暗环境没有独立照明不能熔接光缆的问题。

（3）采用安装放大镜的方法，解决了光纤安放熔接机放电极看不清的问题。

（4）用伸缩支腿的方式和背带，解决了在泥泞的乡村需要自带桌椅才能熔接光缆的问题。

（5）用可调节支腿的方式，解决了在丘陵坡地没有平台不能很好地进行熔接工作的问题。

（6）将熔接机等设备安置在箱体里，解决了寒冷天气熔接机电池冻伤的问题。

（7）一箱上塔双人操作，解决了在杆塔上熔接光缆面积狭小、人多、不安全、器材零散没地方安置的问题。

（8）箱体内的熔接机倾斜安装，方便观察熔接机工作状态，提高工作效率。

光缆熔接多环境移动操作平台实物如图1所示。

图1　光缆熔接多环境移动操作平台实物

三、应用效果

本成果自2020年5月至今，应用于京能至黄金海岸、仙螺岛至南戴河、仙螺岛至浦和等七条线路野外熔接光缆，在泥泞的农田、沟壑、杂草丛生的沼泽地，都可以自由使用。在安丰220kV变电站地下电缆沟内没有照明的情况下，可以安全稳定地熔接光缆。其应用现场如图2所示。

图2　光缆熔接多环境移动操作平台应用现场

四、推广前景

本成果改善和拓展了光缆熔接现场工作中的环境条件，解决了特殊环境下或在应急抢险工作中，因操作环境受限而影响工作效率和安全质量的问题，以及因此可能带来的影响服务信誉的问题。

本成果从工作实际出发，通过现场操作实践，能够实现封闭环境下的擦拭、切割、熔接、热缩等操作，实用简单；同时运输携带方便，安全可靠；能够适应多种环境条件，缩短了工作时间，减轻了作业人员压力，提高了工作效率。

鉴于光缆设备的专业性，本成果能够广泛地推广应用于各类通信业务领域。

新型视频监控系统

国网廊坊供电公司　　齐　灿　王　猛　段瑞超

一、研制背景

电力行业和人民的生活、生产息息相关，一旦电力设施遭遇破坏或工作失误，就会造成大面积停电，后果不堪设想。电力企业越来越多地采用科技手段加强控制手段进行维护和管理，无人值守变电站越来越多地出现在城市的各个角落，电力维护部门对变电站高效维护、统一管理方面的要求也不断提高，采用图像质量高、工作效率高并符合未来科技发展趋势的系统，来解决日常管理中出现的维护、工作操作等问题。

电力通信的安全性要求非常高，但是目前电力系统的很多机房都处于无监控状态，电力通信安全存在非常大的隐患，所以多数机房采用有人值守方式，人力成本较高，并且对一些比较偏远机房维护和监视非常困难。因此，无人值班、远程办公的管理模式将是变电站信息化建设的必然趋势。

二、创新点

由于在电力变电站远程图像监控系统中，前端的视音频信号会同前端数据信号经网络接口进入 IP 网络，因此，包括监控中心的系统服务器、值班员工作站、变电站本地工作站，网络上的任一台计算机终端，通过权限控制的方式可以实现对前端变电站的无级监控。视频监控系统在变电站的应用就解决了无人值守变电站的防火和防盗问题。告警联动作为 RPU（站端处理单元）核心功能之一，同时结合了视频监控和环境监控，可实现范围更广、自动化程度更高的监控。

（1）设置：由 RPU-RM（配置客户端）来完成，针对实际应用可设置视频通道告警联动和环境量告警联动。

（2）输入：可以是连接到 RPU 中的摄像机的移动侦测和视频遮挡，也可以是连接到 ECU 的环境采集设备超限、超阀值告警。

（3）处理：告警联动由 CCU（通信控制器）进行处理。

（4）输出：根据设置可以调用球云台预置位、告警录像、ECU（环境采集器）报警输出（如声光报警、门禁的定制等）、RS485 接口设备（需要具体协议接入）。

（5）监控：在 RPU-CM（控制客户端）上进行实时告警监控、查询历史告警，可设置有告警时自动弹出关联的视频，可对告警进行人工确认。

新型视频监控系统界面如图 1 所示。

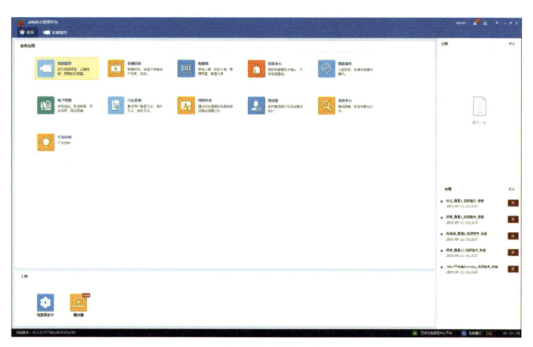

图 1　新型视频监控系统界面

三、应用效果

本成果应用于廊坊地区 110kV 及以上电压等级变电站内共计 1895 个摄像头的管理与监视，提供视频监控回传信号快速查看、告警及时上传等功能，减少了视频监控巡视人工操作时间，降低了被考核风险，同时有效地节省了资金。应用预期效果如下：

（1）每次视频监控巡视时间控制在 3min 内；

（2）能够实时监测各摄像头传送信号的质量，告警延时小于 3min；

（3）若摄像头新增 200 个，维护费用仅增加 50 元。

新型视频监控系统应用界面如图 2 所示。

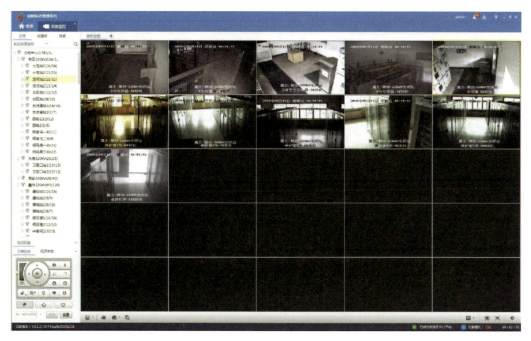

图 2　新型视频监控系统应用界面

四、推广前景

本成果的目的在于采用信息化和自动化手段加强无人值守或位置偏远变电站的运维、监控和管理，满足电力维护部门对变电站高效运维、统一管理方面的需求，提高人员工作效率和变电站运行安全可靠性，迎合未来科技创新发展趋势，使用便捷稳定。其主要功能为廊坊地区变电视频监控回传信号的实时监视和告警在线监测，运维人员无需到站即可全面掌握变电站的基本情况，还有效解决了防火、防盗等问题，创造了良好的社会效益和经济效益。

本成果可以应用到新增变电站视频监控系统工程新装和在线运行摄像头的日常管理、监控、运维、消缺过程中，可在相关业务生产班组进行全面推广。

基于数据挖掘的共享储能运行控制技术及运营策略研究

国网冀北电力有限公司经济技术研究院　　周　洁　刘　丽　李海滨

一、研制背景

国网冀北公司电网地处环京津都市圈和环渤海经济圈，风电、光伏等新能源资源丰富，呈现高增长态势。由于其独特的地理区位、资源禀赋，叠加京津冀协同发展、低碳冬奥等历史机遇，国网冀北公司电网具备打造能源发展典范、实现转型升级的潜力。

随着分布式电源、多元负荷、储能等规模化、多形态、随机复杂地接入，配电网呈现出强互动、多耦合、高随机的特征，对电网可靠供电能力、综合承载水平、灵活调控能力、安全经济发展带来挑战。

电化学储能，由于能量双向流动的特性，可有效解决配电网能量调节手段单一、设备利用效率受限、响应速度慢、时滞效应明显等问题。近年来，储能设备在江苏、冀北、湖南等地开展应用，有效探索了储能这项技术在电网中的多场景应用。

然而，电化学储能运行呈现出数据海量级、故障模型多样化的特征，现有储能监控系统难以实现对运行状态的准确评估、有效预警及故障快速定位，目前市场上具备数据深度挖掘及应用的智能化工具尚未实现，储能电站的运营管理目前仍以人工值守为主。

本成果提出了基于数据挖掘的"1＋3＋X"的共享储能运行控制及配套运营策略，基本满足储能电站无人值守的同时，实现储能资源多场景精准调控，为储能参与虚拟电厂、电力市场等综合能源服务提供支撑。

二、创新点

本成果旨在为区域能源可靠灵活供电提供系统化解决方案，构建一套基于数据挖掘的储能运行控制系统，融合三大业务板块开展运营，满足"削峰填谷＋保电＋应急＋备用＋扩容＋需求响应＋移动救援"多场景应用的储能集群调控，有效提升配电网灵活响应水平。

（1）储能优化调度管理模型。融合环境状态参数、实时位置、配电台区负载等运行数据，实现状态监测和控制。利用网供负荷均方差最小、最小化运行成本等目标函数，进行网络拓扑即时分析，提出兼顾充放电控制策略及路线最优规划的双层优化调度模型。

（2）基于状态全景感知的移动储能设备。统筹系统功能、整体架构、灵活感知、传输与控保、即插即用和安全防护等多重需求，研制了基于状态全景感知的大容量全电移动储能系统，实现了多场景跨时域能量调节，探索移动储能与配电网友好互动的应用模式。

（3）基于数据挖掘的故障主动预警模型。运用数据挖掘、状态趋势动态预测等技术，构建设备健康衰减模型和设备故障图谱库，实现设备状态健康状态评估，生成故障设备判断标准，并依据健康评价模型和记录故障处理数据，预测分析未来近期和中期性能状态，保证了储能电站整体管理的实时化、精准化、智能化，基本实现无人值守。

移动应急储能车如图 1 所示。

图 1　移动应急储能车

三、应用效果

（1）应用情况。本成果已整体应用于秦皇岛宁海大道综合示范工程中，并纳入国家电网公司重点示范工程"秦皇岛北戴河能源互联网综合示范工程"，形成配电网运行、本地定制化服务、远程需求响应三大运营板块。通过在各节点加入储能，实现储能集群和配电网有序互动，提高配电网灵活性和可靠性，开展了高考、中考等重大活动保供电，北戴河政治保电，医院保供电，地摊夜市集中供电，车载移动式加电等服务，满足了不同用能终端的电力需求。

移动储能设备充分利用配电站房现有土地资源，以北戴河供电中心、宁海大道开闭所为两大基地，灵活作业于秦皇岛经济技术开发区医院、新世纪高级中学、秦皇岛市私立渤海中学、秦皇岛开发区泰盛水务有限公司、蜂巢能源科技有限公司等当地企业中，提供优质高效电力服务。

移动应急储能车应用场景如图 2 所示。

（2）实施效果。本成果已安全运行 421 天，通过停电检修、非计划抢修、抢险救灾、医疗保障、重要活动保供电等多元化手段，共计响应政府、社会、暑期保电需求 83 次，参加配电不停电作业 149 次，累计减少停电时户数 18.4 万 h·户，增供电量 43.6 万 kWh，提升了用户电力获得感及幸福指数，助力企业复工复产，加速经济"回血"速度，高质量服务河北地区企业发展。

图 2　移动应急储能车应用场景

四、推广前景

（1）商业模式。电力公司作为储能云服务商，在配电网运行、本地定制化服务、远程需求响应三大运营板块持续发力；以共享经济为导向，以共享式服务为路径，旨在为用能终端提供一揽子能源解决方案。

未来将推进储能设备的规模化接入，在三大运营策略上持续发力，预计年均可承接高考 1 次，中考 1 次，12 次国际性赛事，12 次大型招商活动，36 次商演活动，配电作业 800 余次，1200 余次车载移动式加电，750 余次远程需求响应。利用会员制、积分制等形式，形成保供电服务绿色生态圈，为当地经济发展挖掘新的利润增长极。

（2）运营策略。

一是参与配电网实际运行。可以缓解目前配电网能量调节手段不足、传统配电网改扩建周期长、设备利用率低等问题，在电压越限控制、重载台区削峰填谷、配电网不停电作业、变压器增容改造等方面提供服务。

二是开展本地定制化服务。在野外作业、重大活动保供电、移动方舱医疗车、车载移动式加电等方面提供定制化服务，满足不同用能终端的电力需求。

三是参加远程需求响应。通过部署边缘网关及智能终端，接入冀北虚拟电厂（一期），参与华北电网调峰辅助服务市场。利用可调容量响应电网指令，获取服务补贴。

OPGW 光单元不锈钢保护管专用切割刀

北京送变电有限公司　　王千赫　王献宇

一、研制背景

随着电力网络的智能化水平的不断提高，电网调控的重要性提高到了空前的高度，作为电网调控和检测基础的电力光缆线路，起着不可或缺的作用。电力光缆线路的载体——OPGW 光缆线路的施工质量和速度也越来越受到相关单位的重视。随着特高压线路的大规模建设，受制于各地的自然条件，尤其是我国中西部地区地广人稀，自然条件恶劣，300km 以上甚至超过 400km 的超长距中继段屡见不鲜，这就对光通信设备和光缆本身的特性提出了更高的要求，相应的，对 OPGW 光缆接续施工工艺和质量的要求也在不断提高。

在 OPGW 光缆接续施工过程中，需要将光缆层层剥开，露出里面的不锈钢保护管，用切管刀切断不锈钢保护管后，露出里面的光纤，然后才能进行光纤接续作业。由于光纤像头发丝一样粗细，并且脆性很大，极易折断，一旦光纤发生断裂损坏，整束光纤就作废了，不得不重新准备开剥光缆，浪费人力物力财力。

针对不锈钢保护管切管刀存在的不足，国内各个光缆接续施工单位存在普遍的认识，都是从自身施工作业方面持续改进，对作业人员的技能水平提出了很高的要求，但是对于不锈钢管切管刀的改进研究还存在不足。目前不锈钢管切管刀，还是以生产厂家的现有产品为主，改进十分有限。而生产厂家改进由于缺乏现场实际操作经验，缺乏对于光纤保护的针对性，主要集中在刀片等材料和结构方面，对于刀片限位保护装置的研究，还有很大不足。

为了解决这些问题，本项目研制了 OPGW 光单元不锈钢保护管专用切割刀。

二、创新点

市面上现有的不锈钢保护管切管刀刀片处没有限位保护装置，切割深度全凭作业人员的经验，极易造成切割深度过大损坏里面光纤的情况。单一刀片切割时刀片将力作用在切口处，对其形成一个挤压力，造成不锈钢管轻微变形，断口内收，断口十分锋利，摩擦挤压里面的光纤，更容易造成光纤从根处损坏甚至断裂，轻则费时费力，影响美观和工作效率，重则导致整段光缆作废，造成损失。内收的断口，在光缆后期运行过程当中，由于各种环境因素的影响，也会对光纤产生摩擦，使得光纤在切口处形成断裂伤，影响通信线路的正常使用寿命，这会产生不可估量的损失，有可能会危及局部甚至整个电网的运行安全。

因此，为满足 OPGW 光缆接续施工的需要，提高工作效率，尽量避免不必要的损失，决定借鉴参考目前市面上各种工器具的安全限位装置原理，对现有切管刀进行改进完善，在切割刀片处加装限位保护装置，避免作业过程中由于切割刀切割深度不可控而导致的光纤损坏断裂。

通过广泛讨论和借鉴，确定专用切割刀结构设计理念，以此作为指导，将结构设计理念反映到图纸当中。并根据多年总结的施工经验，同时查阅各个主流 OPGW 光缆厂家的相关技术参数，得到 OPGW 光缆保护管外径为 2.4~3.8mm，管壁厚度为 0.2~0.25mm。然后经过与加工厂商技术人员的充分讨论，考虑到加工完成后的使用效果和加工难易度，最终确定刀片位置限位装置与刀片距离 1mm，刀片高出保护凸轮 0.2mm。

OPGW 光单元不锈钢保护管专用切割刀实物如图 1 所示。

图 1　OPGW 光单元不锈钢保护管专用切割刀实物

三、应用效果

OPGW 光单元不锈钢保护管专用切割刀加工完成后，在实验室内检验使用效果，并与原切管刀进行对比，检验是否达到设计要求。新研制的专用切割刀在加装限位保护凸轮后，在保护凸轮的作用下，OPGW 不锈钢保护管切割过程中能够有效避免切割刀进刀深度过大损坏光纤的问题，不锈钢管切断处内收现象也得到有效缓解，降低了光纤在后期运行过程当中的非正常磨损。OPGW 光单元不锈钢保护管专用切割刀应用效果如图 2 所示。

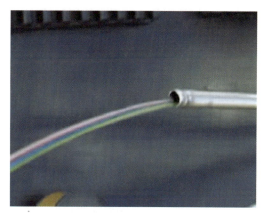

图 2 OPGW 光单元不锈钢保护管专用切割刀应用效果

专用切割刀的初步检验完成，达到预期效果后，将其应用到 OPGW 光缆接续施工当中，检验其实际应用效果。在实际施工过程当中，通过对比法，随机选取了 67 个试验点进行对专用切割刀和原有切管刀进行试验统计，主要测量实际切割用时和光纤破损率两个指标。

专用切割刀应用到实际施工过程当中后，与原切管刀比，OPGW 光单元不锈钢保护管切割用时和光纤损坏率均有不同程度降低。原切管刀切割用时平均为 19.93s，光纤损坏率为 7%。专用切割刀切割用时平均为 14.49s，光纤损坏率为 2.99%。OPGW 光单元不锈钢保护管专用切割刀的操作如图 3 所示。

图 3 OPGW 光单元不锈钢保护管专用切割刀的操作

四、推广前景

OPGW 光单元不锈钢保护管专用切割刀，是专门针对 OPGW 光缆接续施工过程当中不锈钢保护管的切割需求所研制的设备，主要应用效果如下：

（1）限位安全装置保护凸轮的设置，使得切割难度大大降低，极大地改善了之前切管刀切割效果和工作效率受施工人员因素影响较大，全凭个人日积月累的工作经验决定的现状。并且，保护凸轮的存在，使得最大进刀深度可控，有效避免了由于技术人员自身导致的保护管内部光纤受损问题。

（2）刀片两侧的限位安全装置保护凸轮，使得在切割过程中钢管受挤压力均匀分布，避免集中在切割刀片一点，极大改善了保护管切口变形内收现象。

（3）提高了工作效率。

（4）专用切割刀小巧轻便，便于携带，使用灵活，遇有光缆中存在两根保护管的情况，也能方便使用。

同时，OPGW专用切割刀的研制，符合标准化施工理念及安全文明施工标准，并且市场上尚未有该类型定型产品，因此推广应用前景十分广阔。

通信方式电子化管理研究

国网冀北电力有限公司信息通信分公司　　　赵子兰

一、研制背景

一是多年来方式管理仍以传统的人工管理方式为主，缺乏对整个网络资源状况的全面了解，难以快速有效地进行网络规划与调度。二是各类统计分析和方式编制等工作都需要投入大量的人力、时间，通信网管理的运行维护成本较高。三是现有物理通信资源和业务通信资源的管理分开，导致在日常的业务调度和方式管理中，容易造成部分网络资源的闲置和浪费、部分资源负担过重的两极分化，导致了通信资源整体的利用率不高。

实现电力通信资源全生命周期的闭环管理，提升资源的精益化管理水平，借助系统平台指导通信资源的闭环管理，切实发挥信息化系统的平台优势，成为解决实际问题、促进企业发展的迫切需要。因此冀北信通公司开展通信方式电子化管理研究，借助于通信管理系统，为通信资源的全方位、智能化管理提供了便捷，为引导公司科学发展创造了条件。

二、创新点

通信方式电子化闭环管控系统提高了通信方式管理的精细化水平，为电力通信的安全可靠运行提供了第一手资料，为调度运行提供了有力支撑。其创新点在于：

（1）确定了通信资源调度流程中的各个环节，并对流程的每一个环节都规定好角色、时间节点，明确各个流程节点角色的职责和义务。

（2）系统具有导入方式单模板，方式开通对比确认，导出纸质方式单等功能，有效提高了人员工作效率。根据采集到的业务数据信息，系统自动导出业务交底表格，省去了人工手动录入步骤。

（3）借助通信方式电子化闭环管控系统，分析通信资源占比情况，对资源使用情况进行分析，对资源占比率较高或较低部分进行调整，为网络的规划和优化提供指导依据。

（4）通过通信方式电子化闭环管控系统对各类业务系统方式进行综合管理，实现了对网内各类资源的集中监控、集中管理和方式共享，满足通信调度人员和运行人员在应急处置情况下的资源调度。

三、应用效果

通信方式电子化闭环管控系统的应用，提高了通信方式管理的精细化水平，为电力通信的安全可靠运行提供了第一手资料，为调度运行提供了有力支撑。资源精益化管理，可提升企业管理水平；方式电子化操作，可提高企业经济效益；资源精准化分配，可提升资源利用效率；资源集中化管控，可支撑企业稳定运行。

通信方式电子化管理系统如图 1 所示。

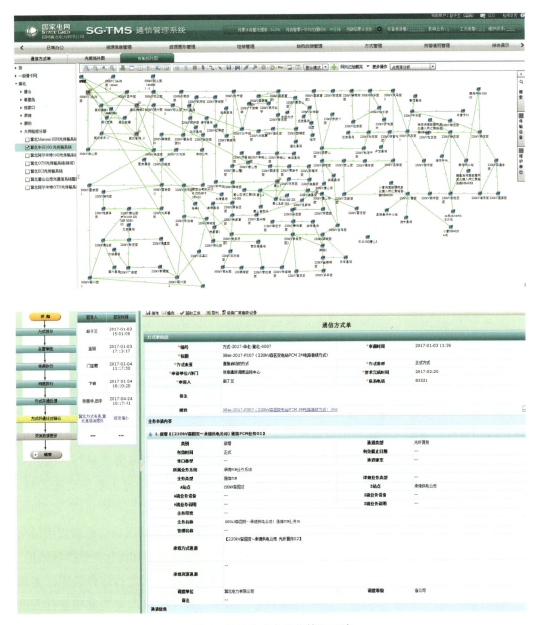

图 1　通信方式电子化管理系统

通过通信方式电子化闭环管控系统对各类业务系统资源进行综合管理，实现了对网内各类资源的集中监控、集中管理和资源共享：一是满足通信调度人员和运行人员在应急处置情况下的电路调度；二是在业务调度方面，资源的集中管理主要面向通信方式人员，以满足各种业务需求为主要目的，实现端到端的业务调度功能；三是在事务管理与决策辅助方面，主要服务于决策层，利用在线的通信网络资源数据，对网络的现状进行评估，辅助提出网络优化策略以及发展规划建议，更有力支撑企业稳定运行。

四、推广前景

本成果已在国家电网公司电力通信专业推广应用，依托通信管理系统（SG-TMS）实现了通信方式的全过程闭环管控。通过完善的闭环管理流程体系，合理发挥各个环节的作用，支撑用户实现各类通信方式的电子化闭环管理，为通信网安全稳定运行提供了有力的支撑，可在通信行业内进行推广应用。

机房专用空调系统改造

国网冀北电力有限公司信息通信分公司　　杨　纯　李垠韬　韩　续

一、研制背景

　　传输网络、交换网络、数据通信网络是电力通信的核心构成，而良好的机房动力环境是这些设备平稳运行的根本保障。在日常的运行维护中，时常会出现空调制冷失效、停机，甚至出热风的情况，导致机房温度升高，进而发生设备高温告警、损害设备使用寿命，同时为电网平稳运行带来风险。如何增加空调运行稳定性、减少故障率，提升空调制冷效率，减轻运行人员工作负担，成为电力通信工作者亟待解决的问题。

二、创新点

　　（1）为空调增加辅助制冷器，实现空调"1+1"双制冷通道，避免因压缩机故障时产生制冷失效、出热风的现象。

　　辅助制冷的应用如图1所示。

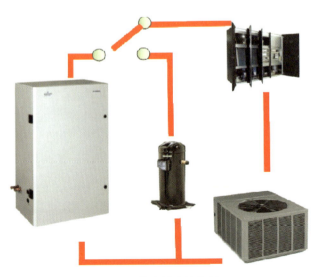

图1　辅助制冷的应用

（2）为空调添加智能控制系统，根据室外温度调整压缩机及辅助制冷器的工作状态，减少压缩机工作时间，从而延长空调使用寿命。

（3）为空调外机增加防护装置（见图2），防止风沙、柳絮污染外机扇叶，避免外机故障停摆致使制冷失效。

（4）增加远程重启功能，在空调控制器死机时可远程重启系统，避免运维人员频繁往返现场处理故障。

三、应用效果

本成果应用于康仙220kV变电站，自2017年11月起，711h内，1号压缩机累计工作47h，制冷器累计工作569h，2号压缩机没有工作，有效地减小了空调压缩机的负荷，大幅提升了空调使用寿命与运行稳定性。改造后空调系统运行状态如图3所示。

图2　防护装置　　　　　　图3　改造后空调系统运行状态

四、推广前景

单台25kW空调造价约15万元，空调改造成本为3万元，改造后空调使用寿命增加1倍以上，单台节支超过12万元，按照冀北地区100台大功率空调考虑，改造后总节支将超过1200万元。

空调系统改造后极大减少了运行人员进站清洗、消缺次数，节省了大量人力物力。

机房动力环境告警为4级调度事故，空调的改造有效改善了机房动力环境，给电网安全稳定运行提供了有力支撑，体现了巨大的政治、经济效益。

机房专业空调系统改造在年平均气温低于20℃的地区均有推广价值，尤其适用于华北、东北、西北等广大北方平均气温较低的地区。

大数据在线实验室深化完善与应用推广

国网冀北电力有限公司信息通信分公司　　李　贤　王艺霏　陈重韬

一、研制背景

随着大、云、物、移、智技术的不断发展，各行业的数据量成指数式增长，大数据已上升为国家战略。在电力行业中，大数据分析技术逐渐成为优化资源配置、提升业务能力、辅助业务决策的重要方式。电力行业中各业务条线大数据应用需求的爆发，促进了电力大数据的快速发展，冀北信通公司多次强调推进用数据管理企业、发挥电力大数据价值的工作目标。冀北信通公司已完成大数据平台、全业务统一数据中心及云和数据中台建设；各业务领域积累了大量业务数据，数据量已达到 PB 级，但大数据应用需求分散，缺乏统筹规划，数据价值挖掘不够深入。基于以上背景，大数据在线实验室势在必行，通过搭建大数据在线实验环境，加快推进应用推广，方便用户快速学习大数据技术，降低大数据应用的门槛，提升数据开放应用水平，支撑冀北信通公司创新创效工作。建设大数据技术和应用的窗口，通过前沿资讯、研究方向、应用成效、在线培训等方面使用户了解大数据实验室，普及大数据基础知识，推进大数据技术交流和应用。

二、创新点

大数据在线实验室建设基于服务 / 微应用架构，实现了弹性伸缩、迭代快速、故障隔离的目标。大数据在线实验室采用了分布式应用框架及容器等新型底层基础技术，并在资讯传递、知识培训等领域形成了一定的积累。大数据实现国网冀北公司信息整合，完善形成了具有广泛普适性的存储、计算、分析和可视化平台，为全公司的自主创新研究提供公共服务。实验室搜集并展示行业最新资讯、研究成果介绍、实验工具及技术培训材料，形成公司大数据技术研究与应用的交流平台。将大数据实验"搬上网"，更加方便跨地域和分散办公地点的各类资源整合。利用"互联网＋"思维，不断丰富线上实验环境，利用大数据平台的自助式分析工具和大数据基础平台开展大数据应用实验。大数据实验室在全业务统一数据中心和数据中台基础上，搭建了覆盖公司全业务链条的数据服务标准体系，提供数据开放共享服务，提升数据质量，全面加强大数据应用创新，充分发挥公司已积累的大数据价值。

大数据在线实验室如图1所示。

图1　大数据在线实验室

三、应用效果

通过大数据实验室的建设，形成国网冀北公司新技术的实验环境，成为公司新技术应用的孵化场所。大数据实验室的建设成为国网冀北公司的技术研究载体，成为承载公司大数据与人工智能领域新技术及应用共性技术研究平台；成为公司大数据与人工智能领域智能分析和创新型应用孵化的重要平台；成为公司全业务数据中心数据开放共享和应用成果推广的重要门户；成为公司大数据及人工智能领域高水平人才聚集和培养的重要基地。已实现公司5个大数据应用创新和发布，形成大数据分析工具15个，积累大数据算法70余个。

大数据在线实验室应用展示如图2所示。

图2　大数据在线实验室应用展示

四、推广前景

国网冀北电力公司大数据实验室已在公司办公信息大区发布，实现了公司全覆盖，公司范围办公用户通过办公网络即可访问应用。大数据在线实验室是"互联网+"发展的产物，将来可以实现在国网冀北公司范围内广泛应用，全面支撑公司大数据建设和应用，促进公司大数据技术研发与交流。在国网冀北公司推进能源互联网建设的进程中，本成果有效应用互联网技术，极大地降低了时间和空间对创新应用的限制。本成果可以在国网冀北公司甚至国家电网公司全范围进行推广应用，具有较好的应用前景。

基于物联网的光缆在线监测与预警技术

国网冀北有限公司信息通信分公司　　段程煜　金　燊　赵　阳

一、研制背景

张家口地区因气候较冷、地线复杂、山地较多，光缆运行环境较为恶劣。目前张家口地区对光缆线路的维护以及处理故障等工作，主要还是依靠光端机监测到光缆性能发生变化之后给出警告，再由相关部门安排人工进行检查，判断是线路故障还是其设备故障。如果是光缆线路出现故障，工作人员则会使用光时域反射仪等仪器测量光缆的耗损情况定位光缆的故障点，而传统的光时域反射仪只能够检测到变化较大的应力和较高的温度，无法检测到变化较小的应力和较低的温度。整个测量光缆定位故障点的工作存在以下缺点：需要处理的时间较长，整体工作量较大，自动化处理程度低，工作效率较低，整个处理故障的过程会导致系统不能正常运行。为了全面保障张家口冬奥工程顺利进行，需增强张家口地区光缆运维和监测能力，对国网冀北公司张家口地区现有重要光缆的衰耗、损伤、温度、应力和覆冰等参数进行实时监测，提供更多、更全面、更先进的技术支撑手段，实现光缆资源精细化管理，提高维护效率，从而持续改善通信部门的运维管理水平，为电网安全稳定运行提供更可靠保障。

二、创新点

国网冀北公司在运光缆数千千米，应用光缆在线监测设备，可对光缆进行实时监测，及时获得或反馈监测数据，运维人员能实时掌握光缆运行情况，并可准确定位光缆故障点，从而减小光缆抢修时间，提高保障力度，提高光缆运行的安全性。

（1）光缆故障点的 GIS 定位。实现光缆故障原因分析、故障点 GIS 定位，减少光缆运维人员对光缆故障判断的工作量和工作失误，降低运维管理工作对工作人员业务能力的要求，有效提高光缆网络的运行效率和利用率。

（2）偏振的光时域反射技术（OTDR）。其中基于 C-OTDR 的光缆智能监测设备采用相干光时域反射检测技术，经过独特编码调制的连续弱激光脉冲组，光检测器接收反射回来的检测脉冲组，系统解调之后，通过特定的算法运算，获得光纤的长度、损耗、接头、故障位置等参数，可支持100km以内光缆的监测。

基于B-OTDR的光缆智能监测设备采用布里渊光时域反射技术，利用光纤中的布里渊散射光的频移变化量与光纤所受的轴向应变和温度之间的线性关系，将一个光纤变成数千个用于温度和拉力测量的虚拟传感器，可以同时测试这两个重要参数，通过特定的算法运算，在监测光纤长度、损耗的同时可以监测光纤的温度、舞动、覆冰、结构应力变形等信息，可支持150km以内光缆的监测。

光缆在线监测设备如图1所示。

图1　光缆在线监测设备

三、应用效果

在张南500kV变电站配置1套4口C-OTDR光缆监测装置，在张家口500kV变电站配置2套4口C-OTDR光缆监测装置，共计3套；在红旗营配置1套8口B-OTDR光缆监测装置；在国网冀北公司本部配置1套网管系统，并在本部和张家口区调配置1套网管终端。对张家口地区12个区段的重要500kV光缆及220kV光缆进行实时监测。

光缆在线监测设备的应用如图2所示。

图2　光缆在线监测设备应用

在张家口地区试点光缆在线监测系统，满足了通信运行需求，弥补了光缆监测的空缺，符合智能电网发展需要，能够为冬奥会电力保障提供有力支撑。

面对张家口地域广阔、光缆维护困难的现状，本成果实现了对架空光缆的全方位实时监测。其主要应用效果如下：

（1）监测数据包括衰耗、损伤、故障定位、温度、应力和覆冰等参数，通过参数的分析实现一定的预警功能，便于运行人员及时做好应急措施，或提前消除隐患。

（2）可以提高通信运维效率，有效降低光缆运维成本，为更进一步地完善光缆运维方式，提供更多、更全面、更先进的技术支撑手段，持续改善通信部门的运维管理水平。

（3）为光缆资源精细化管理、光缆状态在线监测与故障定位提供支撑。

四、推广前景

近几年光纤通信网络的规模在不断扩大，但是因为工作环境、施工质量、光纤运行时间等因素的影响，光缆的物理使用性能有所变化，进一步导致通信质量开始下降，这些情况严重危及了电力生产的安全，若是因为通信质量的下降而引发事故，则会造成巨大的损失。只有及时发现光缆存在的隐患并对隐患位置进行定位，提高光缆运行和维护的效率，才能够有效降低光缆发生故障的概率，保证光纤的稳定通畅性。

本成果发表论文 2 篇、申请专利 2 项。张家口地区组建的基于物联网的光缆在线监测与预警系统，结合 GIS 技术、偏振的光时域反射技术、资源管理数据库技术，可帮助运维人员实现光缆的资源管理以及故障的精确地理定位，能够时刻对光缆线路的运行情况进行监测。通过该系统可以提升光缆运维过程中的工作效率，也可以为光缆线路的安全运行提供有力支撑，满足坚强智能电网建设要求，满足容灾系统建设需要，满足地区电网发展需求，能够为冬奥会电力保障提供有力支持，对于国网冀北公司通信网络的发展和运维能力的提升具有重要意义。

信息内网终端安全监管系统

国网冀北电力有限公司技能培训中心　　杨　康　徐相波

一、研制背景

随着"互联网+"时代的来临，信息通信技术的发展带动企业信息化建设不断向前推进，国家电网公司在信息内网中部署了众多的信息系统，这些信息系统承载了各项业务，其安全稳定运行对公司意义重大。一旦公司的信息资料被盗取，或者信息系统中毒瘫痪，将会带来数以亿计的重大经济损失，特别是对于人员的管理与U盘的使用，例如：上班时间时常会有不在电脑前的时候，此时的电脑便存在被有心之人利用的危险；U盘作为资料存储设备在日常工作中必不可少，虽然对U盘资料拷贝采取了一定的防护措施，但是病毒传播仍然存在重大安全隐患，提高防范意识，才能避免因小失大。为保障信息安全稳定，本项目对信息内网终端安全监管系统进行了研究。

二、创新点

本成果将信息安全稳定工作中的最大不确定性——人的因素消除，突破了原有传统信息内网终端设备使用模式，将使用过程中的不确定性因素精确到个人。

存储设备的管理在原有系统的基础上进一步革新，辅以安全存储介质检测，以牢固的形态和内嵌的服务，结合身份检测和硬件识别技术，为信息内网终端安全服务。在确定存储介质安全之前与内网信息物理断开，有效地阻隔了计算机病毒的传播，采用身份认证和终端检查双重防护，深化了信息内网终端安全管理的内涵，推动了信息终端安全管理工作方式和管理方式的革新。将电子身份证做成钥匙扣形状，便于携带，可随时监控人员信息是否合法，人在亮屏，人走锁屏，监督管理了人员操作，权限限制更安全。

信息内网终端安全监管设备如图1所示。

图 1　信息内网终端安全监管设备

三、应用效果

本成果紧密结合国家电网公司重点工作，坚持以信息内网安全为导向，利用"互联网+"思维和物联网技术改进了传统信息安全管理的手段和方式，为公司信通事业发展创造了多项价值。本成果注重贴近实际现场和安全实际需求，对内网信息终端安全管理具有实际意义，进一步推进了信通专业终端安全管理全过程和实名制，使其可操作、可记录、可验证。

基于物联网的信息终端安全监管系统研发完成后，以信息内网机房为例，在培训高峰时期经过多次测试，电子身份证离开计算机 3m 后，计算机锁屏，能够实现非安全存储介质检测并切断设备本身 USB 通路，以简单的手段弥补了通用安全设备的不足。

四、推广前景

本成果将射频识别技术及信息内网终端设备合法身份认证理念引入信息安全管理中，让管理者更放心，让使用者更明确，将非授权用户抵御在系统之外。将"互联网+"思维从线上引入到终端接入之前，更好地为国网电网公司信息安全事业服务，体现了管理方面的社会效益，保护了资料不外泄，防止了系统中毒瘫痪，产生了巨大经济效益。

本成果实现了信息内网终端设备的全寿命管控，整个系统体现出技术先进、安全可靠、实名到人、全过程记录的特征，有效促进了信息内网终端管理水平与质量的全面提高。

根据评估，本成果可以小资金投入取得大量的经济效益。本成果具有可操作性、可复制性和推广性，投入到实际应用，能够为其他专业中需要涉密及认证的设备提供参考模型，以便更好地服务于公司信息安全管理大局。本成果在"互联网+"时代的信息内网终端安全管理中有前瞻性和现实指导意义，可在更大范围内推广。

移动核查 App

国网秦皇岛供电公司　　　徐文岐　李　莹　宋海港

一、研制背景

营配贯通的质量，特别是"变—箱—表"关系的准确性，是影响台区同期线损的重要因素，面对大量的低压客户和各种错综复杂的低压供电网络，现场核查一直是困扰基层供电企业开展台区治理的难题。传统方式下的现场核查主要为核查人员现场抄录电能表条形码号，生成现场档案交与后台维护人员维护。传统核查方式具有工作量大（每户电能表均需抄录 22 位条形码号）、工作效率低、抄录过程易出错等缺点，且表箱、表位所属关系不清，不能满足营销业务系统数据对现场档案的完整性、准确性、一致性要求，制约了业扩方案辅助制订、停电信息报送、故障研判、可视化综合展示等应用。

为解决上诉现场箱表关系核查中的问题，国网秦皇岛供电公司开发了应用于营配贯通箱表关系采录的移动核查 App，如图 1 所示。

二、创新点

将移动核查 App 应用于营配贯通箱表关系维护，通过扫取现场表箱、电能表的条形码号来绑定台区—箱—表关系，通过输入地理位置、获取 GPS+GPRS 经纬度信息的方式实现双地址精确定位，同时自动完成信息比对，实时记录已完成扫描绑定的电能表信息，该台区下尚未扫描的电能表信息，以及现场扫描到的不在该台区下的电能表信息，并对上诉信息进行交互显示，指导现场人员核查，之后导出统一数据模板供后台维护人员进行系统维护。

为实现台区精细化管理，北戴河区供电中心对表箱的资产编号进行了统一编号管理。表箱资产码采取 11 位编码方式。第一位为属性编码，取值范围 1~3，1 代表高压，2 代表公变，3 代表居民；第二位为所属辖区编码；第三位编码表箱所属供电变压站；第四、五位编码供电线路信息；第六、七、八位编码台区；第九、十、十一位为表箱编号。通过表箱资产条形码号即可在现场实现"站—线—变"定位和表箱供电信息读取。

现场采录表箱如图2所示。

图1　移动核查 App 界面

图2　现场采录表箱

三、应用效果

北戴河区供电中心作为营配贯通示范区，从2018年3月开始，营配数据现场采录均依托于移动核查App，期间对该软件进行了三次功能升级与改进。软件的开发旨在通过统一的标准，实现台区档案信息的精细管理。通过技术手段的引入，减少人为主观因素的影响，以更高的信息采录标准、更全的信息覆盖、夯实营配数据基础质量。对于存量数据，按照"变—箱—表"关系采录建档与维护；对新增台区，按照"变压器—分支箱—分支箱开关—表箱—电能表"采录建档。按照现场实际情况维护186系统、GIS系统的同时，同步留存与维护台区电子档案，做到系统数据有据可查，为后续基于数据质量开展的停电分析到户、故障抢修等高级业务应用提供了数据档案，减少了抢修时间，缩小了停电范围，提升了客户服务质量。

2018年3月至今，北戴河区供电中心投入使用移动核查App后，已核查台区353个，核查完成电能表54679块，现场核查户变关系不一致表计1437块，涉及更正台区57个，累计节省纸张3500张，节约现场采录时间800h，台区线损指标显著提升。

工作人员采录现场如图 3 所示。生成数据档案截图如图 4 所示。

图 3　工作人员采录现场

图 4　生成数据档案截图

四、推广前景

台区精细化管理的展开，对系统数据一致准确、配网故障研判、停电计划安排、停电范围定位、台区同期线损管理具有重要作用。目前数据同源机制尚未全面落实，造成设备台账、网络拓扑、运行信息存在与现场实际情况存在很大差异，为后续停电分析到户、台区同期线损等业务应用带来很大挑战。将移动核查 App 应用于营配贯通箱表关系维护，可减少人工抄录核实环节，生成统一的现场数据档案，通过技术手段的引入，减少人为主观因素影响，以统一的标准夯实营配数据基础。

移动核查 App 的安装使用不需购买额外设备，在手机上直接加载安装，即可高标准、高效率地完成营配数据现场信息采录。移动核查 App 已在秦皇岛地区各个区供电中心、县供电公司进行大规模使用。

双模通信技术在采集中的突破性应用

国网承德供电公司　　妙红英　王艳芹

一、研制背景

近年来用电采集系统对信道通信可靠性的要求越来越高，用电信息采集系统承担着电力企业与用户之间用电信息的交互，保证通信环节可靠运行则起着关键性作用。目前用电信息采集系统的主要通信方式有窄带电力线载波、微功率无线、宽带电力线载波等。这三种通信方式都是采用单一信道进行通信的，并且都存在缺点，如窄带电力线载波容易受到电力线噪声干扰，也容易受到负载变化的影响；微功率无线通信容易受到遮挡物的影响；宽带载波通信的信号衰减比较严重。所以单靠一种通信方式已无法满足复杂环境下的数据采集，只有因地制宜，找到最合适的通信方式满足数据采集要求才是用电信息采集系统未来发展的方向。

二、创新点

（1）双模通信技术适应性更强。突破原有单一的通信模式，结合两种通信模式各自的优势，形成并行互补的新型通信信道，在复杂的现场环境下，可以更加适应现场各种通信需求，保证数据采集成功率有效提升。

（2）双模通信技术安全性更强。由于结合了两种通信模式，在硬件特点和软件程序上均与单一模式有较大区别，保证了通信过程中数据的安全性。另外，由于成功率较高，也直接降低了人员运维压力和出行安全风险。

（3）双模通信技术拓展性更强。由于具有多种单一通信技术，便于现场应用过程中根据具体情况选择，从而保证双模通信技术能发挥最大优势，实现多元化功能拓展，提高采集效率。

双模模块如图 1 所示。采集器通信单元（双模）如图 2 所示。

图 1　双模模块

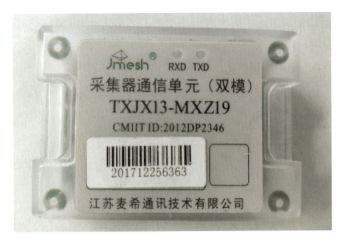

图 2　采集器通信单元（双模）

三、应用效果

　　国网承德供电公司以承德县和围场县为试点单位率先应用双模通信技术。2015 年 7 月，在国网承德县供电公司安装了 4 个微功率无线和载波双模技术试点台区，共计 1028 户。2016 年 3 月，在围场县供电公司安装了 5 个微功率无线和载波双模通信技术试点台区，共计 3267 户。通过现场测试、跟踪维护以及数据监测，并对所监测数据进行分析，抄表情况十分稳定，能在较短时间内完成冻结数据采集任务，实时点抄成功率较高。对比单一通道的通信方式，双模通信技术方案不仅在采集成功率上有很大提高，还使抄表效率得到了保障。

　　通过分析运行数据可知，采用双模通信技术方案后，台区采集成功率达到了 100%，数据连贯性和稳定性得到了保障，人工维护成本大大降低，节约了运维成本，经济效益显著。

　　双模通信技术在采集中的应用如图 3 所示。

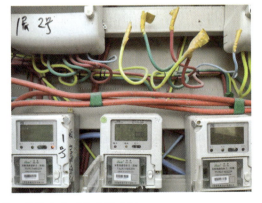

图 3　双模通信技术在采集中的应用

四、推广前景

双模通信技术是将微功率无线数据传输技术和电力线载波通信技术相结合，具有两个信道的通信能力，且信道之间既独立并行又相互协作，相互补充，能发挥出各自信道的优势，保证系统通信安全顺畅、数据传输准确可靠，提高了采集成功率。相对传统的单载波抄表方案，双通道采集方案在实际复杂环境中的抄表更具优势，基本可以保证应用后的采集成功率达到100%。此外，双通道载波模块完全可以满足实时费控业务的需求。双模通信技术的应用提高了采集系统的稳定性和数据的准确性，减少了运维人员到现场检修的次数和运维用车次数，保障了公司的安全生产。同时双模通信技术在硬件及软件算法上更复杂，通信数据不易被破解，通信可靠性和安全性得到提升。

本成果不仅为建设科学、严谨、先进、实用的用电信息采集系统指引了方向，也为实现国网冀北公司超市化采购提供了有力的数据支撑，对国家电网公司推进用电信息采集建设推广应用微功率无线和载波双信道抄表做出了积极的探索，具有较高的推广价值。

分布式计算组件助力电网海量数据处理分析

国网冀北电力有限公司信息通信分公司　　吴　佳

一、研制背景

随着国家电网公司坚强智能电网建设的逐步推进，尤其是各省（市）公司和直属单位输变电设备状态监测、用电信息采集、配电自动化、发电集团信息化等项目的试点与推广，产生了大量准实时数据，准实时数据沉淀生成海量历史数据，连同调度生产控制大区生成的电网运行、关口电量等历史／准实时数据一起，这些数据是公司的重要财富，是实现精益化管理的重要基础。

为了建成国家电网公司海量历史／准实时数据管理平台，实现对电力生产运行过程中各业务应用生成的历史／准实时数据进行按需存储、整合、共享和分析，2010年国家电网公司启动了"海量历史／准实时数据管理平台"项目。国网冀北电力公司作为海量历史／准实时数据管理平台的试点单位，至2014年底完成海量平台V3.0的建转运工作，2015年8月完成海量平台深化应用验收。目前，国网冀北公司海量平台数据已接入用电信息采集、GPS、调度数据采集与监控、电能计量等多个系统数据，数据接入量达到550万左右，随着海量平台深化应用建设的不断推进，海量平台接入数据的覆盖面、数据量还在不断增加。同时海量平台为能耗监测、电力交易运行系统、统一车辆管理平台等多个系统提供准实时／历史数据服务。

本项目针对海量历史／准实时数据管理平台分布式实时计算组件研究，主要是增强计算处理能力及扩大计算规模。

二、创新点

（1）采用统一技术架构，完成冀北原创应用的开发，辅助实现典型应用的标准化开发。通过原创应用的开发和典型应用的部署，解决了现场实际生产运营问题，节省了成本，提高了工作效率，提升了企业运营效率，给国网冀北公司带来了显著的经济收益、社会效益，提升了管理水平。

（2）形成运营监测（控）中心等典型业务数据访问海量平台历史／准实时数据集成方案，为后继国网冀北公司乃至其他省（市）公司海量平台与统推系统的集成提供借鉴。

（3）基于图数模一体化接入技术，实现数据采集与监控系统图形、数据和模型的一体化扩大接入。为了保证海量数据的实时性、准确性和完整性，通过智能分析实现了测点和模型的自动维护功能，即接口能自动维护测点的新增、修改，自动维护数据、模型和图形的正确关联关系。

（4）辅助研发应用统一管理平台和接口集中管理平台，方便运维管理。统一管理平台支持原创应用和统推应用的统一管理、访问和发布等；接口集中管理工具对实时数据库数据接入和数据访问接口进行统一管理和维护。这些工具为后继运行维护带来极大方便。

三、应用效果

（1）海量平台分布式实时计算组件可以对历史／准实时数据进行分布式并行内存计算和流计算，提升加工数据的实效性；通过集成开发环境，使得数据加工计算变得更加便捷。

（2）海量平台分布式实时计算组件可支撑"电网规划深化应用""量价费损"等复杂应用中对历史／准实时运行数据的二次加工需求，为构建复杂分析类应用提供工具保障，为后续基于平台二次加工计算类应用开发提供便捷。

（3）通过开展地理信息系统与海量平台分布式实时计算组件的集成，对一体化平台内营销（后期可增加输变电状态监测、调度信息）等众多准实时数据进行集成、融合、高效调用和综合分析，最大限度地为国家电网公司精益化管理提供数据和技术支持，最终提供决策依据。

分布式计算示例如图 1 所示。

图 1　分布式计算示例

四、推广前景

海量平台分布式实时计算组件研究与应用，解决了现场实际生产运营问题，节省了成本，提高了工作效率，提升了企业运营效率，给国网冀北公司带来了显著的经济收益、社会效益和管理提升。该成果和形成的项目建设方法论体系可复用于其他省（市）公司，具有极大的推广应用价值，为其他省（市）公司提升海量平台实用化水平提供了有力的工具支撑、理论和实践依据。

第六部分

发电专业

Part 6

SSS 离合器状态监测系统

国网冀北电力有限公司电力科学研究院　　宋亚军　司派友　左　川　吴　昕

一、研制背景

针对我国提升火电机组灵活性的要求，国内热电厂开始逐步采用"凝汽—抽汽—背压"式机组。此类型机组在轴系中设计了 SSS 离合器（Synchro Self Shifting，同步自动换挡离合器），通过离合器的脱开与啮合，可以更有效调节电、热两种负荷，实现机组的热电解耦功能，增加机组在供热期间电负荷调整的灵活性。

SSS 离合器在发电行业投产后，由于设备结构复杂，工作环境恶劣，无法加装传感器进行有效的状态监测，导致设备在运行中频繁发生故障。故障严重者，曾引起整台发电机组停产达数月之久。随着 SSS 离合器投产年数的增加，设备的安全运行面临的挑战会越来越大。SSS 离合器发生故障会导致机组甩负荷，不仅会对电网造成冲击，也会给发电企业带来巨大的经济损失。

本项目针对国内各电厂 SSS 离合器频繁发生故障的情况，克服了设备工作环境恶劣的困难，开发了 SSS 离合器状态监测系统，对 SSS 离合器进行全方位、多维度的状态监测与故障诊断。SSS 离合器状态监测系统可实现 SSS 离合器设备在运行中的实时监测，提供设备的运行健康状态评估，方便工作人员及时检修以避免设备发生故障，从而防止由于发电机组甩负荷给电网造成冲击。

SSS 离合器状态监测分析仪如图 1 所示。

（a）正面　　　　　　　　　　　　　　　　（b）背面

图 1　SSS 离合器状态监测分析仪

二、创新点

（1）SSS 离合器中间件运动位移监测。离合器中间件位于设备内部，无法安装位移传感器进行直接监测。本成果采用离合器两侧转子键相信号同步采样的方法，实时计算出 SSS 离合器两侧转子转速的高精度数据。根据两侧转子的转速差，进行中间件的位移计算，从而实现位移监测。依据 SSS 离合器动力学理论分析，根据位移监测结果分析设备的运行状态是否正常。

（2）SSS 离合器传递扭矩监测。离合器实现了汽轮机低压部分向高压部分输入能量的功能，由于现场条件限制，离合器传递的扭矩值无法直接测量。本成果采用从电厂 PI 系统实时数据库调用汽轮机运行参数进行实时运算的方法，通过汽轮机能量平衡公式计算出 SSS 离合器传递的扭矩大小，从而实现扭矩的实时监测。依据设备的疲劳破坏理论，根据扭矩监测结果进行设备的健康状态评估。

（3）SSS 离合器的振动预警与智能诊断。本成果在发电机组现有的振动监测基础上，通过对国内外 SSS 离合器已发生故障的深入研究，针对每一种故障制订了故障预警与智能诊断，使整台发电机组的安全监测系统更加完善。

三、应用效果

本成果已经在京能京西燃气热电有限公司、神华国华（北京）燃气热电有限公司投入应用，进行了实地安装与调试。调试工作完成后，SSS 离合器监测系统开始投入正常使用，到目前为止，总监测时间已达 6000h 以上，监测效果良好。在投产运行过程中，监测软件分别进行了 3 次迭代，迭代后的软件产品更加适合现场的监测需求。在未来的监测过程中，还会有更多次的迭代，使产品精益求精，更加完善。运行中的 SSS 离合器状态监测系统如图 2 所示。

图 2　运行中的 SSS 离合器状态监测系统

SSS 离合器状态监测系统对 SSS 离合器的多种信号进行了长期有效的运行监测，不仅实现了基本的监测功能，还为冀北电科院的技术工作人员提供了数据支撑和故障诊断业务上的便利。以京能京西燃气热电有限公司和神华国华（北京）燃气热电有限公司为例，SSS 离合器状态监测系统曾多次为冀北电科院的振动工作人员提供了有效数据，帮助其在现场的故障诊断工作顺利进行，在一定程度上提升了工作人员的服务能力，真正实现了与发电企业的合作共赢。

四、推广前景

带有 SSS 离合器的"凝汽—抽汽—背压"式机组在供热季可以更加灵活地调整电负荷，在热电解耦方面具有明显的优势，但是目前此类型机组仅用于燃气蒸汽联合循环电厂，我国燃气蒸汽联合循环机组的数量远低于燃煤机组。然而，基于我国对火电机组灵活性提升的需求，此类型机组将用于燃煤机组，届时 SSS 离合器在火电机组中应用的数量将会有爆发性的增长。

目前，我国的主要电气设备厂家正在自主研发离合器，带有 SSS 离合器的"凝汽—抽汽—背压"式机组未来很可能成为北方供热机组的主流机型，SSS 离合器在电力行业的应用也会越来越广泛。

据不完全统计，仅环京地区带 SSS 离合器的燃气蒸汽联合循环机组已有数十台，扩展到整个北方地区的供热机组以及石油、化工等行业，SSS 离合器的数量已经超过百台。随着火电机组灵活性的进一步提升，电力、石油、化工等行业内会有更多的 SSS 离合器设备。SSS 离合器在线监测系统可以进行复制性推广应用，具有较大的市场体量和推广空间。

风机变流器补水和充气装置

国网新源张家口风光储示范电站有限公司　　刁嘉 吴寒 田锰

一、研制背景

冀北风光储公司承担着破解大规模新能源接入电网瓶颈的任务，担负着风光储多种组态安全可靠运行的使命。

风机变流器是风电机组的核心设备，变流器的水冷系统是保障其安全稳定运行的重要设备。当水冷系统压力不足时，风机采取停机保护措施，需对水冷系统进行补水、充气，以保障风电机组正常稳定运行。

目前风机变流器补水、充气工作采用传统的人工加压补充作业方式，工作时间在 30min 以上，风电机组停机时间长，影响了风电场发电量。随着我国风电项目的迅速发展和对于劳动保障安全生产问题的日益重视，传统的人工作业已不符合社会发展的客观需求。因此，亟需研制一种安全、自动化程度高的机械装置，代替传统的人工作业方式，进而缩短变流器补水和充气作业时间，提高冀北风光储公司经济效益。

二、创新点

风机变流器补水和充气装置的方案借鉴无塔供水设备加压供水的原理及结构设计。该装置包含动力模块、电源模块、控制部分、显示部分、设备管路、设备箱体等六个部分，其原理结构如图 1 所示，实物如图 2 所示。

该装置采用风机变流器补水和充气装置一体化设计，将机械加压的方式应用于风机变流器补水和充气作业。补水工作时，气泵向水箱充气加压，将水冷液压出进行补水。充气工作时，利用换气阀改变气路走向，气泵直接对变流器水冷系统进行充气。

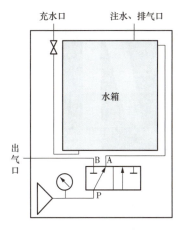

图 1　风机变流器补水和充气装置原理结构图

图 2　风机变流器补水和充气装置实物

三、应用效果

本项目研制的风机变流器补水和充气装置自动化程度高，可代替传统的人工作业方式，将作业时间由 30min 缩短至 2min，节省时间 25min 以上。

风电场年平均风速约为 8m/s，按照功率曲线，此时全场风机平均出力约为 1550kW，风力发电上网电价为 0.53 元 /kWh，每台风力发电机组补水和充气工作的频率为 4 次 / 年。自 2019 年 7 月起，该装置应用于实际工作，在一年的实际应用中，产生直接经济效益为：1550×175×（25÷60）×4×0.53=24（万元）。

风机变流器补水和充气装置应用现场如图 3 所示。

图 3　风机变流器补水和充气装置成果应用现场

四、推广前景

　　风机变流器补水和充气装置具有便于携带、操作简单、安全可靠的优点，可以大幅度缩短风机变流器补水和充气作业时间，应用效果良好，适合进行大范围的推广应用。

第七部分

综 合

Part 7

干式电压互感器匝间短路检测方法

国网冀北电力有限公司电科院　　蒋　鑫　段晓明

一、研制背景

近年，出现了多起电压互感器匝间短路的故障，给生产运行带来了较大影响。互感器匝间短路的常规检测方法为测直流电阻、空载电流、三倍频耐压和变比。上述方法均较难完全确定匝间短路，且对于匝间短路不甚严重的互感器，直流电阻、变比、空载电流检测都难以发现问题。尤其是耐压检测，由于平均分配到各匝间的电压较小，有时难以发现匝间的潜在故障。因此，迫切需要研究新型的检测匝间故障的手段，解决上述问题。

为解决匝间绝缘隐患的检测问题，目前国内外的研究主要有以下两个方向：

（1）将不同频率的电压信号输入线圈，同时测量线圈阻抗，当频率越高时匝间短路形成的阻抗变化越为明显，进而判定匝间问题。该方法受限于高频阻抗测量方法的灵敏度，目前实际应用效果不佳。

（2）给互感器施加不同的冲击信号，获得冲击电流波形，通过将问题互感器的波形与正常互感器的波形进行对比，判定互感器是否存在问题。该方法受不同试验时期外部环境、不同设备（正常/非正常互感器）状态和测量系统误差的影响较大，容易出现非系统性误差，可靠性不佳。

综上可知，目前尚未有检测互感器匝间绝缘的可靠手段。因此，本项目研制了一种新型的检测方法。

二、创新点

（1）建立了电压互感器匝间短路相关性判别函数，首次提出了一种基于绕组雷电暂态特性的匝间短路检测方法，给出了匝间短路判别阈值。

本成果提出的新型检测方法为：以雷电冲击电压试验中全电压和半电压下测得的电压和电流为信号源，将对应周期的电流分成一系列谐波，运用纵比法（对同一试品两个不同电压下的电压和电流进行同周期点位的相关性函数构建）和横比法（对同一试品同一电压下的电压和电流前半周期对应点与后半周期对应点进行相关性函数构建），构造反映绕组绝缘情况的相关性判别函数。

由于绝缘缺陷的各向异性与非线性关系，在不同的半波与全波冲击下的表现会有不同的特征，因而在各谐波电压和电流下的相关系数会有不同的取值。

被试品无绝缘缺陷，则相关性大、相关函数值的差值小；有绝缘缺陷，则相关性小、相关函数值的差值大。绝缘损伤情况对加压幅值和频率十分敏感，因此该方法可灵敏地反映绝缘问题。

（2）开发了一种检测干式电压互感器匝间短路的无损试验装置。该装置操作简单、灵敏度高、现场适用性强。

试验信号采集与存储装置如图1所示。小型移动式冲击电压发生器如图2所示。

图1　试验信号采集与存储装置（泰克示波器）　　图2　小型移动式冲击电压发生器

三、应用效果

（1）2016~2017年，北京送变电公司利用本成果检测低压电压互感器80台，发现存在绝缘缺陷电压互感器3台，消除了造成变电站运行后停电的潜在隐患。其应用证明如图3所示。

（2）2016年，天津大唐国际盘山发电公司利用本成果检测发电机出口电压互感器18台，其中1台检测出绝缘缺陷，及时消除了造成电厂停机的潜在隐患。其应用证明如图4所示。

（3）2016年，内蒙古上都发电公司利用本成果检测发电机出口电压互感器24台，其中1台检测出绝缘缺陷，及时消除了造成电厂停机的潜在隐患。其应用证明如图5所示。

（4）2016~2017年，北京惠通盛电力工程公司利用本成果检测低压电压互感器84台，发现存在绝缘缺陷电压互感器3台，消除了造成变电站运行后停电的潜在隐患。其应用证明如图6所示。

（5）2016年，大连金业电气设备公司利用本成果检测低压电压互感器84台，发

应用证明

项 目 名 称	干式电压互感器匝间绝缘隐患检测方法及装置
应 用 单 位	北京送变电有限公司调试分公司
通 讯 地 址	北京市房山区良乡昊天大街8号
应用成果起止时间	从 2016.1 至 2017.4
经济效益（万元）	

年　度	2016
新增产值（产量）	/
新增利税（纯收入）	/
年增收节支总额	检测出3台问题互感器，避免造成变电站运行后停电的潜在隐患，挽回损失或可达600万元

应用情况及社会效益：

《干式电压互感器匝间绝缘隐患检测方法及装置》项目研发的利用雷电冲击波对干式电磁式电压互感器进行试验，确定电磁式电压互感器匝间绝缘隐患的新方法，已在我单位建设的肖营子220kV变电站、樑子镇220kV变电站、增瑞路220kV变电站、蒋辛电220kV变电站等工程中得到应用。应用一年多时间以来，共计检测电磁式电压互感器80余台，其中1台检测出内部线圈存在匝间问题的隐患，2台检测出局放不达标。整体看来，项目研发的新方法可靠，能够检测出电压互感器的匝间绝缘问题，具备推广应用的条件。

应用单位：（公章）
2017年4月12日

（纸面不敷，可另增页）

图3　北京送变电公司应用证明

应用证明

项 目 名 称	干式电压互感器匝间绝缘隐患检测方法及装置
应 用 单 位	天津大唐国际盘山发电有限责任公司
通 讯 地 址	天津市蓟州区弥山镇天津大唐国际盘山发电有限公司
应用成果起止时间	从 2016.1 至 2017.4
经济效益（万元）	

年　度	2016
新增产值（产量）	/
新增利税（纯收入）	/
年增收节支总额	检测出1台问题互感器，避免造成停机的潜在隐患，挽回损失可达200万元

应用情况及社会效益：

《干式电压互感器匝间绝缘隐患检测方法及装置》项目研发的对电压互感器进行雷电电压试验，以确定电压互感器匝间绝缘隐患的方法，已在我单位得到应用。借勘2016年检修的机会，我单位利用该方法检测发电机出口PT 18台，其中1台检测出绝缘隐患，后经过测试发现局部放电超标。因此，我方认为，项目研发的新方法可靠，能够检测出电压互感器的绝缘问题，具备推广应用的条件。

应用单位：（公章）
2017年4月13日

（纸面不敷，可另增页）

图4　天津大唐国际盘山发电公司应用证明

应用证明

项 目 名 称	干式电压互感器匝间绝缘隐患检测方法及装置
应 用 单 位	内蒙古上都发电有限责任公司
通 讯 地 址	内蒙古锡林郭勒盟正蓝旗
应用成果起止时间	从 2016.1 至 2017.4
经济效益（万元）	

年　度	2016
新增产值（产量）	/
新增利税（纯收入）	/
年增收节支总额	检测出1台问题互感器，避免造成停机的潜在隐患，挽回损失或可达300万元

应用情况及社会效益：

《干式电压互感器匝间绝缘隐患检测方法及装置》项目研发的利用雷电冲击波对电压互感器进行试验，确定电压互感器匝间绝缘隐患的新方法，已在我单位发电机出口PT的检修中得到应用。应用一年时间以来，共计检测发电机出口PT 24台，其中1台检测出内部线圈存在匝间问题的隐患。整体看来，项目研发的新方法可靠，能够检测出电压互感器的匝间绝缘问题，具备推广应用的条件。

应用单位：（公章）
2017年4月14日

（纸面不敷，可另增页）

图5　内蒙古上都发电公司应用证明

应用证明

项 目 名 称	干式电压互感器匝间绝缘隐患检测方法及装置
应 用 单 位	北京惠通盛电力工程有限责任公司
通 讯 地 址	北京市西城区复兴门外地藏庵南巷1号
应用成果起止时间	从 2016.1 至 2017.4
经济效益（万元）	

年　度	2016
新增产值（产量）	/
新增利税（纯收入）	/
年增收节支总额	检测出3台问题互感器，避免造成变电站运行后停电的潜在隐患，挽回损失或可达600万元

应用情况及社会效益：

《干式电压互感器匝间绝缘隐患检测方法及装置》项目研发的利用雷电冲击波对干式电磁式电压互感器进行试验，确定电磁式电压互感器匝间绝缘隐患的新方法，已在我单位建设的唐山港池220kV变电站、廊坊沙城110kV变电站等工程中得到应用。应用一年多时间以来，共计检测电磁式电压互感器80余台，其中1台检测出内部线圈存在匝间问题的隐患，2台检测出局放不达标。整体看来，项目研发的新方法可靠，能够检测出电压互感器的匝间绝缘问题，具备推广应用的条件。

应用单位：（公章）
2017年4月日

（纸面不敷，可另增页）

图6　北京惠通盛电力工程公司应用证明

现存在绝缘缺陷电压互感器 3 台，减少了后期成本约 6 万元。

（6）2016 年，山东泰开互感器公司利用本成果检测低压电压互感器 80 余台，发现存在绝缘缺陷电压互感器 2 台，减少了后期成本约 4 万元。

四、推广前景

本项目研制的干式电压互感器匝间短路现场检测方法，可以准确地检测出潜在的匝间绝缘隐患，已应用于数百台互感器的检测，检测出 13 台问题互感器，实际检出率达 100%。该检测方法可以有效降低由于电压互感器故障造成的停机、停电故障概率，具有很高的经济效益。

本成果为全新的检测方法，设备简单、操作便捷，抗干扰性强，具有完全知识产权，对匝间绝缘隐患检出率极高，试验中不会对试品造成绝缘损伤，可作为设备交接或诊断性试验备选项目。

目前对于干式电压互感器的匝间绝缘潜在隐患检测，本成果作为可市场化操作的方案，值得在电力行业内全面推广。

物资质量抽检分析系统

国网冀北电力有限公司物资分公司　　李轶文　李军博

一、研制背景

2017年国家电网公司的物资工作会上，提出加强专业总结分析，建立供应商产品质量信息库，认真总结近年来设备制造、运行等过程中发生的各类故障和重大缺陷，深入分析原因，制订针对性管控措施，并落实到供应商生产制造各环节。

随着物资质量监督工作的深入推进，国网冀北公司已经积累了大量的物资质量信息，但是这些信息的收集全部是基于线下报送，各单位采取报表的形式，由冀北物资公司进行人工汇总整理，各单位报送的质量信息时效性差、规范化程度低，且不能够辨别数据的有效性，非常不利于统计分析，难以制订行之有效的管控对策。因此迫切需要一套数据分析系统，实现物资质量监督工作的精细化提升。

二、创新点

根据国网冀北公司在物资抽检工作中的实际需求，构建开发了物资质量抽检分析系统。在系统中接入合同订单、供应计划等信息，实现了物资类别、供应商、到货信息等不同维度的信息查询，并可以依据合同订单及抽检工作要求制订抽检计划。先在系统中固化物资检测项目、检测标准等信息，当抽检单位在开展抽检工作时同步将试验过程记录、检测数据等信息全部录入系统，在形成标准化作业的前提下，确保各单位抽检工作的有效实施，实现对抽检实施单位的考核管理，为质量监督工作管理提供依据。

基于数据平台还可以对物资抽检历史数据进行分类汇总挖掘，根据需要实现统计分析功能，自动生成各类定制化报表，提供质量监督差异性管理、风险预警依据和辅助决策支持。

物资质量抽检分析系统登录界面如图1所示。抽检任务执行界面如图2所示。

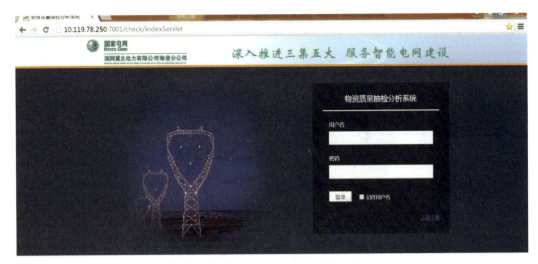

图 1　物资质量抽检分析系统登录界面

图 2　抽检任务执行界面

三、应用效果

本成果已在国网冀北公司范围内全面推广应用，取得了明显成效。累计处理各类物资到货信息 56162 条，编制并下发计划 1173 条。根据各地市公司抽检完成情况，通过本系统实现了国网冀北公司质量监督工作年度同业对标考核，提升了管理效率和水平。通过对系统抽检数据的充分挖掘，实现了同类产品不同供应商、同类产品不同试验项目、各类产品合格情况等多维度的数据统计分析结果，为质量监督工作管理策略提供支撑，对问题供应商进行履约风险预警等。

现场抽检物资照片如图3所示。

图3 现场抽检物资照片

四、推广前景

本成果全面整合了从到货情况统计到计划编制，再到送样检测的物资抽检全过程中各环节的关键操作节点，有效提升了抽检管理及实施工作的流程化、标准化水平。同时在保证功能全面的前提下，兼顾系统实际操作的便捷性，系统界面简洁美观，信息录入简明扼要，可操作性和实用性较强，不仅有效提升了管控水平，也得到了相关具体实施单位的一致好评。本成果实现了对抽检历史数据的多维度定量分析，为后续质量监督工作差异化管理及履约风险预警提供数据支撑。本成果可在国网冀北公司及其他省（市）公司推广应用。

利用人工智能技术助力财务管理智能转型

国网冀北电力有限公司物资分公司　　郑岩冰　刘玉婷　谷　羽

一、研制背景

冀北物资公司承担了整个国网冀北公司所有统签合同的签订与结算，工作具有重复性高、机械性强等特点。冀北物资部一直在探索如何通过信息化手段来提升各部门管理水平、公司运营效率，推动传统型财务管理向智能财务管理的转型，并且通过多年的信息化建设已经获得了一定的成果，但是仍然存在影响财务管理模式转型的问题亟待解决，具体体现在三个方面：

（1）繁重的系统操作工作。经过二十多年的系统建设，越来越多的日常工作依赖于 ERP（企业资源计划）系统和财务管控系统，大量逻辑简单、重复性强的业务却占用业务人员大量的工作时间。这些业务的附加值很低，对业务人员的工作能力提高帮助有限，也无法很好地应对业务需求大量增长的情况。

（2）短期业务集中瓶颈。根据管理需求，很多业务面临短期内集中处理的需求，这种集中化劳动导致人力成本提高。临时调配增加人员的方式看似增多了劳动力，但往往增加了员工间的沟通成本，效率难以保证，也造成了时间上的浪费。人力资源无法短期快速解决的客观情况限制了企业管理效率的提升。

（3）人工操作误差客观存在。日常系统及应用操作有赖于人工进行操作，而人工处理数据出现差错的可能性客观存在，系统修复操作和相关沟通无形中损耗人力成本。

二、创新点

传统的会计职能分工大多是按照会计基本业务流程进行划分，RPA（Robotic Process Automation，机器人流程自动化）技术的引入能够高效、快速地处理重复、高频的工作，打破了原有的会计分工。简单、重复、单一的工作会大幅度精简和取消，释放更多人力转向管理岗位，打破原有分工格局，有效促进财务转型；RPA 机器人可以 24 小时无休工作，有效避免人工差错，提高会计核算的效率和质量，减少人力消耗，降低人工成本；RPA 技术可以降低因人工失误造成的会计及审计信息失真，降低人为篡改或造假财务资料等舞弊的可能性，保证会计及审计信息的真实可靠。

为解决财务结算工作繁重与人员不足、时间紧张之间的矛盾，财务资产部引入 RPA 财务机器人至发送支付指令、支付申请审核、财务资金结转、自动清账制证等业务场景，通过信息化手段优化管理模式，提升结算质量和效率，推动传统型财务管理向智能型财务管理转化。

RPA 应用场景如图 1 所示。系统架构如图 2 所示。

图 1　RPA 应用场景

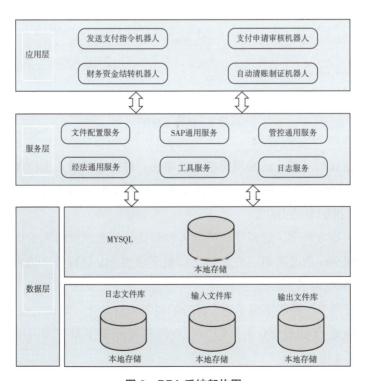

图 2　RPA 系统架构图

三、应用效果

冀北物资公司财务资产部将 RPA 投运于发送支付指令、支付申请审核、财务资金结转、自动清账制证等业务场景以来，从 RPA 整体应用状态分析，工作效率方面，RPA 机器人比人工的业务处理效率提高了 3~5 倍；准确性方面，RPA 机器人在设定场景下的业务处理准确高达 100%；自动化程度方面，RPA 机器人的参与使自动化处理水平得到了显著提升。

以物资统签业务为例，主要分为支付数据核对、发送支付指令、支付制证三个环节。将 RPA 财务机器人引入统签付款业务场景，让机器人代替人工进行业务处理。机器人程序如图 3 所示。支付申请审核列表页流程如图 4 所示。

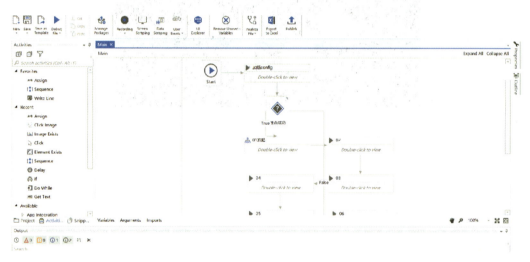

图 3　机器人程序

在支付数据核对环节，已实现机器人自动化。对比之前的人工作操作，RPA 财务机器人后台处理 900 条仅需 9min，在同样工作量下节省 6h 且释放 2 位人力，工作率提高 97%，且核对准确率达 100%。

在发送支付指令环节，已经实现机器人自动化。对比之前的人工操作，RPA 财务机器人后台处理 900 条仅需 8h，在同样工作量下节省 24h 且释放 3 位人力，自动化率达到 100%，效率提高了 3 倍。

在支付制证环节，已经实现了绝大部分的机器人自动化。对比之前的人工作操作，RPA 财务机器人后台处理 900 条仅需 3h，在同样工作量下节省 8h 且释放 1 位人力，工作效率提高了 4 倍。

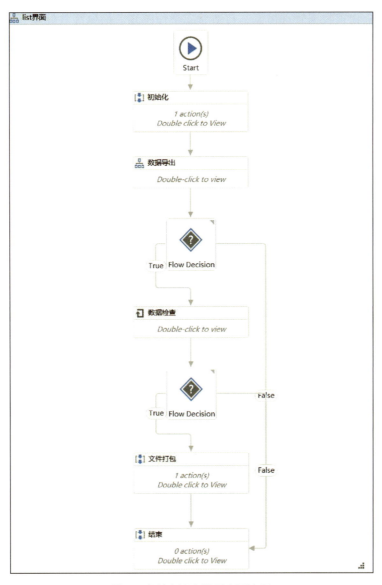

图4 支付申请审核列表页流程

四、推广前景

RPA 技术在冀北物资公司财务管理中的应用取得了良好的效果。在社会效益方面，RPA 技术提高了业务处理效率，加快了民营企业账款的支付进程，进一步优化了营商环境，实现了为实体经济减负，全面落实了中央经济工作会精神和习近平总书记关于民营经济发展的相关要求；在经济效益方面，RPA 技术的应用使业务处理突破了人力极限，通过机器人 24 小时、高效的工作模式可以轻松应对瀑布式业务爆发，既降低了人力成本消耗，也增强了日常业务的稳定性；在管理效益方面，研发人机交互的系统智能机器人，可以实现物资管理方式向自动化、智能化转变，有助于完善物资数据管理基础，健全物资数据管理体系，打造状态全面感知、信息高效处理、应用便捷灵活的电力物联网，探索创新型财务管理方式。

对于未来的推广应用建议分三步：一是计划在冀北物资公司向各部门推广，将人工智能技术与各部门的业务相结合，实现企业管理的智能化发展；二是计划与国家电网公司内部其他公司的财务部门沟通交流，共同探索智能化财务管理体系的发展方向，使成果更加完善；三是计划与中小型企业沟通交流，结合行业发展趋势，为推动财务管理转型做出贡献。

配电网评审数据智能化软件

国网唐山供电公司　　焦扬　闫蕾　刘淼

一、研制背景

（1）支撑配电网跨越发展是国家电网公司目前及未来投资重心。配电网是城市的重要基础设施，也是电力网的重要组成部分，直接面向电力用户，是保证电力"落得下，用得上"的关键环节，是改善民生的重要基础设施。"十三五"电网规划实施以来，国家电网公司逐步加大配电网的投资和建设力度，致力打造具有可靠性高、互动友好、经济高效特征的智能配电网。为此，国网冀北公司以精准投资为导向，以提高配电网规划质量和配电网评审精益化水平为方向，确保配电网项目"每一分钱都用在刀刃上"。国网唐山供电公司经济技术研究所积极响应各级公司关于配电网规划与评审系列工作的统一战略部署，负责配电网工程可行性研究、初步设计的评审工作。

（2）配电网项目评审专业发展深度日趋科学化、精益化、规范化。在项目评审的全过程，每个环节应按时间节点严格管控，坚决杜绝由于各类原因导致的工作拖延，避免影响下一环节进度。而配电网项目涉及的点多面广，类别繁多，投资数额较大，如国网唐山供电公司经济技术研究所在 2015~2017 年间共完成配电网工程可行性研究、初步设计评审近 4685 项，审定总投资超 20 亿元。这就要求评审人员对所负责评审工作严格把关，提高评审专业技术深度水平。国网唐山供电公司要求评审人员充分发挥规划引领作用，规范统一的评审体系，对输变电工程建设方案和技术经济进行科学的分析和评价，对于提高评审质量、控制工程造价具有重要意义。

结合上述背景，评审人员针对影响评审效率与质量的主要因素，利用计算机编程设计出针对配电网评审工作中遇到的处理各类繁多、重复、错误数据等问题的软件分析程序，使得评审工作更加智能化、自动化、效率化。

二、创新点

配电网项目评审数据以技术设备材料估量评审与技术经济评审为主，其中大量的重复数据、相关联数据、不符合要求的数据存在于各项可研、初设的设计文件、材料表与估算书中。创新点在于：

（1）运用编程制作软件针对评审前后核减（增）的项目数目和每项具体数据进行智能化对比校核，避免了面对大量数据时人工校验的误差。

（2）通过已有的标准依据，对于不符合标准的数据标出不同颜色进行告警提示，缩短了查找纠错时间。

（3）对于估算书中的技经数据进行审差核算，直接筛选出超可研标准要求的县域或具体项目，计算出具体审差值，缩短了冗余工序。

（4）上千个大规模的项目数据要形成文字类的评审意见，通过"一键式"成文评审意见的规模部分，大大缩短了人工编写评审意见的时间，提高了配电网全过程评审的效率。

评审意见程序编程源代码如图1所示。评审意见文字编辑功能如图2所示。

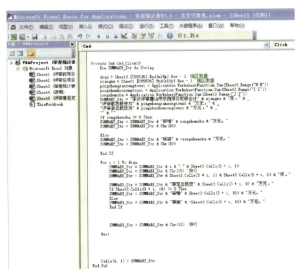

图1　评审意见程序编程源代码

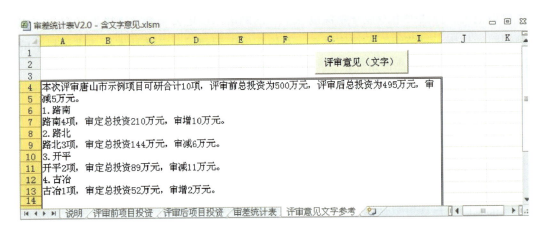

图2　评审意见文字编辑功能

三、应用效果

（1）规范化评审减少人为失误，促进了评审高质量的提升。经过发展建设，评审专业由最初的横向业务涉猎学习向着独立自主的科研评审高、精、尖的方向迈进。这个过程需要不断总结经验、创新工作方式方法，而评审人员本身专业技术水平各有高低，专业背景不尽相同，因此在配电网评审全过程中应尽量减少由于处理高强度大量数据而造成的人为失误。对配电网项目工程评审全过程进行了系统深入分析，归纳出影响评审质量的主要因素，运用编程制作软件针对评审前后核减（增）的项目数目和每项具体数据进行智能化对比校核，避免了面对大量数据时人工校验的误差。而评审人员可以将更多的时间放在优化设计方案上，挖掘设计深度，提升设计文件的编制质量和水平。

（2）智能化评审缩短冗余工序，推动了评审高效率的进行。在配电网项目评审全过程中，上千个评审项目的可研或初设等设计文件汇总、校核、检查、纠错等过程需要占用评审人员大部分时间，耗时耗力，工作量巨大极其容易出错。配电网评审分析程序可以对不符合标准的数据标出不同颜色进行告警提示，进行审差核算，缩短了查找纠错时间和冗余工序，将上千个大规模的项目数据要形成文字类的评审意见，通过“一键式”成文评审意见的规模部分，大大缩短了人工编写评审意见的时间，提高了配电网全过程评审的效率。

工程评审前后投资对比明细分析表如图 3 所示。配电网项目数据自动校核结果如图 4 所示。

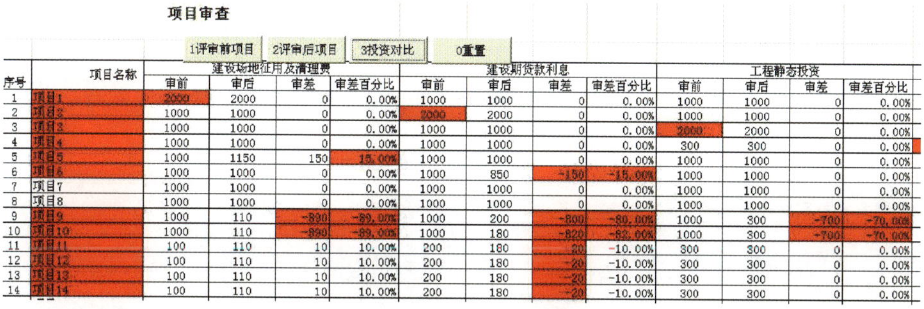

序号	项目名称	建设场地征用及清理费				建设期贷款利息				工程静态投资			
		审前	审后	审差	审差百分比	审前	审后	审差	审差百分比	审前	审后	审差	审差百分比
1	项目1	2000	2000	0	0.00%	1000	1000	0	0.00%	1000	1000	0	0.00%
2	项目2	1000	1000	0	0.00%	2000	2000	0	0.00%	1000	1000	0	0.00%
3	项目3	1000	1000	0	0.00%	1000	1000	0	0.00%	2000	2000	0	0.00%
4	项目4	1000	1000	0	0.00%	1000	1000	0	0.00%	300	300	0	0.00%
5	项目5	1000	1150	150	15.00%	1000	1000	0	0.00%	1000	1000	0	0.00%
6	项目6	1000	1000	0	0.00%	1000	850	-150	-15.00%	1000	1000	0	0.00%
7	项目7	1000	1000	0	0.00%	1000	1000	0	0.00%	1000	1000	0	0.00%
8	项目8	1000	1000	0	0.00%	1000	1000	0	0.00%	1000	1000	0	0.00%
9	项目9	1000	110	-890	-89.00%	1000	200	-800	-80.00%	1000	300	-700	-70.00%
10	项目10	1000	110	-890	-89.00%	1000	180	-820	-82.00%	1000	300	-700	-70.00%
11	项目11	100	110	10	10.00%	200	180	-20	-10.00%	300	300	0	0.00%
12	项目12	100	110	10	10.00%	200	180	-20	-10.00%	300	300	0	0.00%
13	项目13	100	110	10	10.00%	200	180	-20	-10.00%	300	300	0	0.00%
14	项目14	100	110	10	10.00%	200	180	-20	-10.00%	300	300	0	0.00%

图 3　工程评审前后投资对比明细分析表

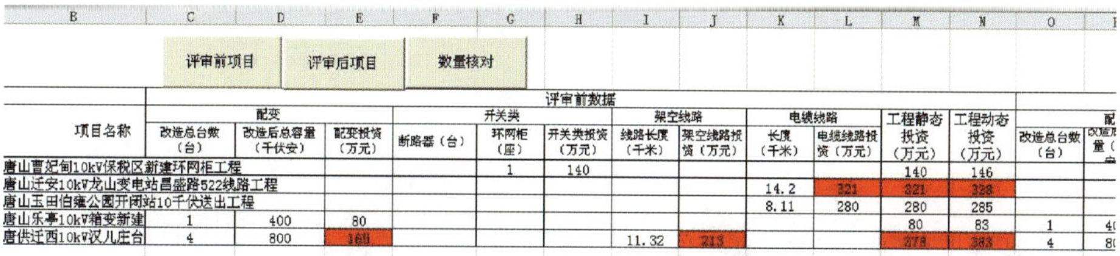

项目名称	评审前数据												
	配变			开关类			架空线路		电缆线路		工程静态投资（万元）	工程动态投资（万元）	改造总台数（台）
	改造总台数（台）	改造后总容量（千伏安）	配变投资（万元）	断路器（台）	环网柜（座）	开关类投资（万元）	线路长度（千米）	架空线路投资（万元）	长度（千米）	电缆线路投资（万元）			
唐山曹妃甸10kV保税区新建环网柜工程					1	140					140	146	
唐山迁安10kV龙山变电站昌盛路522线路工程									14.2	321	321	328	
唐山玉田伯雍公园开闭站10千伏送出工程									8.11	280	280	285	
唐山乐亭10kV箱变新建	1	400	80								80	83	1
唐供迁西10kV汉儿庄台	4	800	168				11.32	213			378	383	4

图 4　配电网项目数据自动校核结果

四、推广前景

本成果数据分析程序的设计与开发提高了评审工作的准确性，避免高强度的重复工作引发各种人为因素导致的数据误判，规范与促进了配电网评审工作质量与效率的双提升。编制应用数据分析程序的思路也可应用于其他各类专业的报表数据，可用于多种工程项目数据的汇总、校核、纠错等处理工作，提供解决类似问题的思路，有极大的推广前景。国网唐山供电公司经济技术研所将紧跟技术发展的潮流，结合评审业务长期发展需要，研究与创新评审方式与方法，进而实现配电网的精益精准评审，助力经研"智库"能力建设、配电网高质量发展、服务电网建设具有重大意义。

便携式远程控制智能充电装置

国网张家口供电公司　　白志路

一、研制背景

充电式仪器在使用过程中不需要利用电源线外接电源，增加了其使用的便捷性及灵活性，因此在目前的电气设备检修与试验过程中得到广泛使用。

国网张家口供电公司为服务张家口地区 2022 年冬奥会建设，在建、预建新投变电站工程及扩建工程多达 50 余项，工作量显著增加，各种充电式仪器的使用非常频繁，为数量较多的各类仪器充电需要复杂的步骤及较长的时间。结合涉奥工程实际工作，不能因仪器电量不足、充电不及时以及充电工作所需时间长等原因影响作业效率，因小失大，导致涉奥工程延期，要在合理时间内完成各类仪器的充电工作。

通过分析需求，明确核心点是仪器数量多、使用多造成充电工作繁杂，短时间完成充电工作是需求本质落脚点。电动汽车充电远程监控装置相关研究中，得出利用物联网技术对电动汽车远程充电管理时间可控制在 10min 以内，受其启发，本项目提出研制一种可远程控制的智能装置来满足需求，如图 1 所示。

图 1　便携式远程控制智能充电装置

二、创新点

利用物理网技术实现远程智能控制，同时结合多种传感器组合使用，保证装置的智能化及安全性，根据现场使用需求，装置设计便携化，可方便带入变电站等多种场合。

该便携式远程控制智能充电装置针对各类充电型仪器或设备，能够实现使用人员与仪器之间的智能互联，实现实时状态数据反馈。该装置的使用可解决现有充电模式存在的问题，改变传统粗放式管理模式，通过集合式智能化充电，保障仪器充电安全及状态稳定，延长电池使用寿命，切实提高工作效率，从而提升设备运检的精益化管理水平。充电装置操作简单，使用方便，能够将仪器分类归纳、妥善保管；能够避免仪器充电时因搬运所造成的工作不便，减轻人员负担；人员不必再为仪器充电操心，节省了时间；避免了仪器因长时间放置而导致电池寿命降低，将因电池寿命导致的损失降低到最低；同时也避免了由于其他原因导致的过度充电和充电不足；并且实现了仪器或设备电量实时监测、远程自动充断电，简化了工作程序，降低了工作强度，提高了工作效率，保障了工作中仪器电量充足，延长了仪器电池寿命，降低了企业成本。

三、应用效果

对便携式远程控制智能充电装置实际应用效果进行检查，包括两个步骤，分别是目标检查和运行巩固期内检查。对充电时间进行数据搜集分析，运行巩固期检查时，充电时间单人平均用时均小于6min，达标率为100%。

（1）直接经济效益。该装置每套成本仅2950元，若推广出售可定价5000元/套，同行业市场容量较大。

（2）间接经济效益。保证了涉奥工程工期，延长了仪器寿命，节约了人力及时间成本。根据相关文献研究，过度充电与长时间不使用电池，会减少电池寿命17%~29%。国网张家口供电公司变电检修室共有充电式仪器约70台，仪器电池估价20万元（部分仪器电池不可拆卸，电池寿命一定程度决定了仪器寿命），可为本部门节省约5万元。

（3）管理效益。有效解决了充电设备在连续工作中没有充足时间充电、过充现象、仪器充电需人工搬运、充电过程及充电时间不能自由掌控等长期存在的设备管理问题，提升了设备运检的精益化管理水平；通过实现设备互联和在线监测，提升了设备运检的智能化管理水平。

便携式远程控制智能充电装置的应用如图2所示。

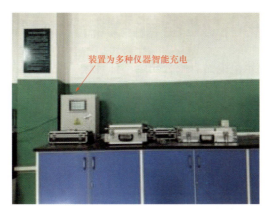

装置为多种仪器智能充电

图 2 携式远程控制智能充电装置的应用

四、推广前景

　　该装置不仅实现了减少充电时间的需求，还可以避免季节性使用的仪器长时间闲置对电池造成损害；解决夜间抢修不能保证仪器电量时刻充足的问题；解决充电设备充电时间过长或过短造成电池寿命降低的难题；节省为充电式仪器充电的人力及时间成本。

　　目前市场上尚无此类型智能充电装置。充电设备和充电型仪器为互补型产品，其市场容量一定程度上取决于充电型仪器市场。由于充电型仪器应用面宽，当前市场容量较大，且充电式仪器的使用将会越来越多，市场容量尚有很大拓展空间。因此该充电装置也有很大的推广应用空间，可推广应用至各行业。

新能源场站标准化智能数据报表系统

国网新源张家口风光储示范电站有限公司　　任巍曦　徐晓川

一、研制背景

随着国家电网公司数字化的不断转型升级及办公自动化的不断推进，使用计算机技术解决传统工作中的难点逐渐成为趋势。

新能源场站的日常工作中，每日需要对大量的数据进行筛选、处理和上报。数据在上报前的加工处理过程中，需进行单位转换、数值计算、格式转换等一系列复杂、繁琐的工作，还需要人工反复校核数据的准确性，不仅工作量较大，还很容易出错。随着新能源场站运维人员的减少，又给数据处理工作增加了很大的难度。那么，如何快速地完成工作中工作量大、重复性高、耗时长、准确性要求较高的工作呢？

本项目决定开发一套针对新能源场站的标准化智能报表系统，解决日常工作中面临的各类数据的筛选、处理工作，提供基础数据后让智能报表系统代替人完成数据处理工作，提升工作效率和准确性的同时可大量解放人力。

二、创新点

标准化智能数据报表系统创新性地使用计算机技术，自动化完成了准确性要求高且繁琐的数据处理工作。随着办公自动化的不断加深，许多工作已逐步由计算机代替人来完成。由于专业的软件系统开发人员对新能源场站的专业知识了解深度不够，新能源运维人员通常又不懂如何软件开发，软件虽然不断简化了工作，但软件与最终用户之间始终面临着"最后一公里"的问题。

新能源场站标准化智能数据报表系统的开发人员也是新能源场站运维人员，对业务有充分的了解。同时作为开发者和产品的最终用户，产品本身与工作实际紧密结合，能把握新能源场站各类数据的特点，解决工作中的实际问题一步到位，直接有效。

新能源场站标准化智能数据报表系统登录界面如图 1 所示。

图1　新能源场站标准化智能数据报表系统登录界面

三、应用效果

智能化报表系统能实现报表数据的智能筛选、自动计算并对错误信息进行自动校核、自动化生成报表等功能，大大节约了人力资源和时间，保证了数据报送的准确性。该系统已成熟应用于电站的日常报表工作中，实现了数据报送智能化，系统运行安全、稳定，有效地减少了数据上报错误或上报不及时的问题，节约了场站运维人员的大量时间。至今，形成的报表数据未出现过错误，系统稳定运行。此系统已编制相关使用手册，方便查阅使用。

夜间报表使用界面如图2所示。

图2　夜间报表应用界面

四、推广前景

目前，新能源场站由国网冀北公司统一管理，新能源场站的各类数据上报工作具有一定的共通性，可在冀北管辖区域内进行推广。智能化报表系统本身也具有开放性和兼容性，易于移植，可在新能源场站中广泛使用。

此外，智能化报表系统不仅仅针对新能源场站的通用性工作，结合软件本身移植性高、扩展性强的特点，对场站中的非通用性工作也可快速地进行针对性扩展，提高产品与工作的结合度；对电力行业的相关工作，也可快速进行针对性开发、推广。

票据结算信息化平台

国网冀北电力有限公司管理培训中心　　王　雪　胡　琼　孙　俏

一、研制背景

2017年7月，国家税务总局下发《北京市国家税务局税务事项通知书》（京国税　税通〔2017〕4068号），审核通过国网冀北公司汇总纳税，根据该通知，国网冀北公司在京6家分公司均纳入汇总纳税范围，不再使用发票，均以手工开具的内部结算单作为报销入账的原始凭证。

每张结算单包括8项字段信息，手工录入、信息核对需要5min/张，效率较低，每月开具结算单数量均达到120张以上，年开具数量达到1440张。增值税专用发票对信息要求严格，往往发票打印放置的位置、单位名称、税号有一点错误都导致这张发票作废重开。为确保信息的准确，录入、反复确认时间过长，每张发票开具时间到达3min/张，冀北管培中心专用发票每月平均用量950张，每年约11400张。每月开票（包含结算单、发票）数量达到1070张，开票时间达到4400min，合73.33h，同时各培训班结算时间较为集中，导致开票均集中于一个时间段内，排队等候现象明显，服务满意度有待提高。

2016年以来，国网冀北公司高度重视资金安全，管培中心由于业务特色性，无法全面取消现金，但尽量减少现金的使用，多方面探索支付途径。

二、创新点

票据结算信息化平台旨在打造高效、便捷、透明、安全的信息化票据结算平台，为学员提供更优质的服务，为此管培中心引入现代化的信息手段，对个性化需求自行开发，对普遍化需求吸取借鉴，最终形成管培中心的票据结算信息化平台，票据结算信息化终端如图1所示。该平台具有首创性、高效性、安全性，极大地提高了票据结算的工作效率。

图 1　票据结算信息化终端

（1）首创性。组成票据结算信息化平台的三部分在国网冀北公司其他单位均未使用，管培中心为首家应用单位。内部结算开票、扫码开票及信息共享是管培中心票据信息化的开端，体现了管培中心票据信息化管理水平；在国网冀北公司范围内，首次将现代化的扫码支付手段融入实际业务中。

（2）高效性。票据结算信息化平台使用后，结算单开具时间由手工开票的 5min 降低至 1.5min 以内，压降了 70%，错误率由 20% 降低至 5% 以内；发票开票时间由之前的 3min 减低至 1min 以内，压降了 67%，错误率均 23% 降低至 4% 以内。

（3）安全性。扫码支付拓宽了支付途径，减少了现金的交易量，有效降低了假币风险和现金丢失等各类风险。同时扫码支付是银行与支付宝、微信共同支撑的，与银行沟确定该支付方式安全可靠，并且该支付方式大到商场、酒店，小到超市、水果店，使用十分普遍，安全性得到了多方的验证。

三、应用效果

（1）内部结算开票部分。该部分经过调试、人员培训后正式在管培中心上线使用，运行良好，实现了内部结算单的信息化。该部分的运用极大提高了前台人员的工作效率，缩短开票时间达 70% 以上。减少了服务对象的等待时间，降低了开票的出错率，提高了入账信息的统计效率。

（2）扫码开票及信息共享部分。该部分应用良好，从源头上控制信息的准确性，并将所有信息提前存储，确保了再次获取、确认信息的时间，一次存储多次使用，一劳永逸；可视化的双屏显示，从过程上监控了发票开具的细节，确保了双方沟通的畅通。工作效率有大幅度提升，开票时间缩短到 1min 以内，错票率降低至 5% 以内。

（3）扫码支付部分。扫码支付部分应用良好，为学员提供了多种支付方式，使支付更加便利，节省了大量因排队等候、找零造成的时间浪费，同时大幅度压降了管培中心现金收款量，降低了双方持有现金可能带来的不可控风险。

结算单管理应用界面如图 2 所示。

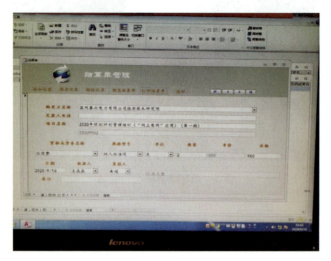

图 2　结算单管理应用界面

四、应用效果

票据结算信息化平台借鉴了内外部结算的各种经验，考虑了实用性、安全性、经济型及应用前景，打造了高效、安全的结算平台。该平台能保障本单位收付及票据结算的全部工作，保障管培中心收银业务的正常进行，还可在其他需结算开票的单位推广使用。

安全围栏收纳装置及其储放装置

国网冀北电力有限公司管理培训中心　宋国庆

一、研制背景

根据《国家电网公司电力安全工作规程（变电部分）》要求，在变电站及发电厂进行检修时，运行人员需要装设遮栏（围栏）将带电设备与检修设备区分开以保证检修人员的安全。在实际生产与技能竞赛集训过程中，需要设置安全工作区，经常使用安全围栏进行围挡，要求正确地选用与布置安全围栏。但是，生产单位经常存在安全围栏回收与存放混乱、安全围栏污损的现象，使用时难以寻找到正确、合格的安全围栏，同时也导致安全围栏的使用寿命减少。

针对上述问题，本项目研制了一种安全围栏收纳装置及储放装置，方便安全围栏收纳和存储。

二、创新点

安全围栏收纳装置使用时，工作人员可将安全围栏缠绕到该装置上，在装置上可标明安全围栏的长度，以方便工作人员根据不同的工作现场大小来选取，避免盲目翻找及翻找时安全围栏相互打结，同时该工具配有专用储放筒，方便工作人员搬运，大大节省了工作时间，提高了工作效率，并有利于检修标准化作业在工作现场的实施。

将安全围栏平铺到地上，将缠绕棒（缠绕棒的材质可为空心不锈钢或其他材质）放在安全围栏上，翻滚缠绕棒，将安全围栏全部缠绕到缠绕棒上，将用于捆绑安全围栏的锁扣从安全围栏的空隙中穿出来锁上，防止安全围栏散开，可在锁扣两端缝上魔术贴。再将缠绕好安全围栏的缠绕棒放置到储放筒中，在储放筒的外壁上有拎手，方便工作人员搬运。在储放筒的顶端可设置盖子，也可不设置盖子。

安全围栏收纳装置及其储放装置示意图如图1所示。

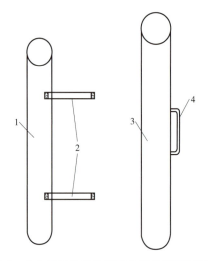

图 1　安全围栏收纳装置及其储放装置示意图

1—缠绕棒；2—用于捆绑安全围栏的锁扣；3—储放筒；4—拎手

三、应用效果

通过应用本成果，避免了安全围栏在使用与存放过程中的污损与散乱现象，从而延长了安全围栏的使用寿命，同时也提高了安全设施的管理水平与使用时查找的准确率。在技能竞赛集训过程中通过使用该装置，能使学员快速、准确、标准地使用与回收安全围栏，大大地提高了实训的效率与水平。该装置获得了 2018 年职工创新创效成果三等奖。

四、推广前景

本成果适合在运行与检修等班组推广应用，可进一步提高班子在工器具存放、使用、管理的水平，延长安全围栏的使用寿命，为企业减少不必要的更换次数，减少资金消耗。